教育部人文社会科学研究项目“认知语法视域下的汉语被动句研究”
（17YJA740039）资助

认知语法视域下的汉语被动句研究

RENZHI YUFA SHIYUXIA DE HANYU BEIDONGJU YANJIU

庞加光 著

西安交通大学出版社
XI'AN JIAOTONG UNIVERSITY PRESS
国家一级出版社
全国百佳图书出版单位

图书在版编目(CIP)数据

认知语法视域下的汉语被动句研究 / 庞加光著. — 西安：西安交通大学出版社，2022.5
ISBN 978-7-5693-2581-2

Ⅰ.①认… Ⅱ.①庞… Ⅲ.①汉语-句法-研究 Ⅳ.①H146.3

中国版本图书馆 CIP 数据核字(2022)第 071335 号

认知语法视域下的汉语被动句研究

RENZHI YUFA SHIYUXIA DE HANYU BEIDONGJU YANJIU

著　　者　庞加光
责任编辑　蔡乐芊
责任校对　张　娟

出版发行　西安交通大学出版社
（西安市兴庆南路 1 号　邮政编码 710048）
网　　址　http://www.xjtupress.com
电　　话　(029)82668357 82667874(市场营销中心)
(029)82668315 (总编办)
传　　真　(029)82668280
印　　刷　西安五星印刷有限公司

开　　本　710mm×1000mm　1/16　**印张**　12.75　**字数**　184 千字
版次印次　2022 年 5 月第 1 版　2023 年 2 月第 1 次印刷
书　　号　ISBN 978-7-5693-2581-2
定　　价　96.00 元

如发现印装质量问题，请与本社市场营销中心联系。
订购热线：(029)82665248　(029)82667874
投稿热线：(029)82665371

前　言

本书是由著者主持的教育部人文社科一般项目“认知语法视域下的汉语被动句研究”(项目编号:17YJA740039)的最终成果,也是著者近五年来对汉语被动句现象思考与探索的总结。

被动句或被动语态不仅是句法理论研究的核心话题,也是语言类型学所关注的焦点话题。同样,汉语被动句作为一种有标记的句式,也一直是不同理论学派讨论的核心句法现象之一。这些讨论主要围绕两个紧密相关的核心问题:第一个是对被动句的语义概括,即该句式具有怎样的语义特征或概念描写;第二个是多样化的被动格式带来的论元实现问题,即其论元的增减变化是否存在统一的机制解释。同时,对这两个问题的回答还需要考虑汉语中“给”“叫”或“让”等引导的被动句,以及汉语被动句和英语等其他语言的被动句的异同等一系列的问题。

本书在认知语法的理论框架下为上述问题提出一个较为系统且全面的解决思路。在研究方法上,本书遵循理论语言学的研究传统,主要以严密的思辨性论证为主,同时也力求以真实的语料或语料统计分析为佐证,使本书提出的主要观点更为可靠。

就以上核心问题,本书提出汉语被动句的语义结构实质是一种控制关系(书中称为控制构型),由动词等成分编码的情景事件会以不同方式和这一构型相协调,这既造成了汉语被动句有不同的论元实现,也使汉语被动句与英语被动句有所不同。从跨语言的角度看,被动语态的功能可以概括为施事的去焦点化。汉语被动句和英语被动句实际是汉英两种语言用于实现这一概念功能的两种不同的编码策略。

这里就书中的部分章节做一说明。第 2 章“认知语法的基本理念”由研究生贾静怡、章一凡整理统稿。第 3 章“被动句的认知基础与论元实现”修改自著者发表在《现代外语》(2019 年第 2 期)上的论文《控制循环模型下被动句的论元实现研究》。第 4 章“新创被动格式的范畴化”修改自著者发表在《解放军外国语学院学报》(2013 年第 6 期)的论文《构式视角下的汉语名词谓语》。第 5 章“‘被 NP 把 VP’构式及其概念合成”中涉及语料库分析的部分由研究生田静萱检索、统计、整理。第 6 章“被动‘给’的认知基础”由研究生田静萱整理撰写。参考文献由研究生贾静怡整理完成。

最后，西安交通大学出版社副总编辑秦茂盛老师对本书的出版提供了非常大的帮助，西安交通大学外国语学院也给予了很大的支持，编辑蔡乐芊老师对本书的出版做了大量工作，在此一并致谢！

著者

2022 年 4 月

目　录

第1章 被动句的理论问题、思路与方法

被动句与被动语态一直是不同句法理论关注的核心问题。本章从跨语言的视角讨论了汉语被动句，即“被”字句的特殊性，并指出汉语被动句主要涉及语义和句法两个问题。前者指被动句的语义结构或概念特征，后者指其句法论元的实现。而且，这两个问题紧密关联，构成一个句法语义接口问题。

本章分为4节。1.1节主要讨论了汉语被动句在跨语言视角下的定位。1.2节对汉语被动句涉及的语义和句法问题进行了分析，并对相关文献做了简要梳理。1.3节就本书的目标、方法及语料来源进行了介绍。1.4节是本书章节安排的说明。

1.1 跨语言视角下汉语被动句的共性与个性

不同语言中都会有一些句式使动词所接的不同论元前景化。被动句就是这样的句式之一。比如，不同于主动句（1a）[①]，英语被动句（1b和1c）是对受事宾语“John”的“凸显”或前景化。与此同时，施事“Mary”作为“凸显”的论元被降格（即“by Mary”）。

例1：（1a）Mary slapped John.(Keenan et al.,2007)[325]

（1b）John was slapped.(Keenan et al.,2007)[325]

（1c）John was slapped by Mary.(Keenan et al.,2007)[325]

---

① 引用例句标注参见1.3节说明。本书例句各章单独编号，全书例句序号不连续。因全书例句较多，且有层次区分，如全书连续编号稍显冗赘，又因各章序号只在本章出现，单独序号不会出现指代不明，故全书例句单独编号。

汉语被动句主要是指将“被”字结构直接用作谓语的句子。如例2所示，它的句法格式为“NP1被(NP2)VP”。例2中的主语(NP1)，即“饺子”是“吃”的受事，可称为直接被动句。(2a)中的“被”没有接施事短语(NP2)，可称为短被动句。(2b)中的“被”接了施事短语(NP2)，即“狗”，可称为长被动句(Huang et al.,2009)。和例2不同，例3的主语不是“杀”或“自摸”的受事，一般称为间接被动句。其中，(3a)的格式为“NP1被(NP2)V NP3”，主语“张三”和保留宾语(NP3)“父亲”存在领属关系，可称为关涉(inclusive)被动句。(3b)没有保留宾语(NP3)，可称为非关涉(exclusive)被动句。

例2：(2a)饺子被吃掉了。(短被动句)(Li et al.,1989)[493]

(2b)饺子被狗吃掉了。(长被动句)(Li et al.,1989)[493]

例3：(3a)张三被杀了父亲。(关涉被动句)(徐杰,1999)[17]

(3b)我又被他自摸了。(非关涉被动句)(Huang et al.,2009)[140]

Farrell(2005)将被动句概括为和基本的及物句存在系统性对应关系的不及物句式，其中的施事论元不再具有任何的主宾语功能。而且，被动句的这种不及物性是通过动词(或动词短语)的句法操作(如“be+V-ed”)来实现的。从跨语言的角度看，不同语言被动句的句法结构差异很大，但是，它们基本上都符合这一定义。

为分析被动句的跨语言特点，Keenan和Dryer(2007)把不带施事短语的被动句，如(1b)和(2a)，看作是基本被动句(basic passives)。其特点有二：首先，句子不带施事短语；其次，其中的动词是表示动作的及物动词，原本可接施事主语和受事宾语。对基本被动句的界定为我们从跨语言的角度认识汉语被动句提供了参照。下文分别从不同语言被动句的句法结构和语义特征两个层面来讨论。

首先，基本被动句在句法层面上的差异主要体现在对动词短语的句法操作上。一般而言，作为主动句的对应句式，被动句是通过动词的形态变化来实现的。比如，斯莱语(Sre)通过给动词添加前缀“gə-”来形成被动句，如(4b)。

例 4：斯莱语(Keenan et al.,2007)[33]

(4a) Cal　pa?　mpon

Wind　open　door

Then wind opened the door.("风吹开了门。")

(4b) Mpon　gə-pa?　mə　cal

door　PASS-open　by　wind①

"The door was opened by the wind."("门被风吹开了。")

其次，还可通过"助动词＋动词的形态变化"的形式来形成被动句。其中的助动词可能是系动词，也可能是表示接受、移动或经历等类的动词(Haspelmath,1990)。前者以英语的被动形式"be＋V-ed"最为典型，如(1b)。

接受类动词用作助动词时，所接动词往往会采取名物化的形式。比如例 5，泽塔尔语(Tzeltal)通过助动词"-ich'"("receive")接名物化形式"'utel"("bawlingout")来形成被动句。

例 5：泽塔尔语(Keenan et al.,2007)[338]

La　y-ich'　'utel　(yu'uns-tat)　te　Ziak-e

PAST　he-receive　bawling.out　(because his-father)　ART　Ziak-ART

Ziak got a bawling out (from his father).("Ziak 被他的父亲责备了。")

另外，英语除通过"be＋V-ed"来形成被动句外，还可以通过"get"来表示被动，两种情况有相似之处。不同的是，"get"所接的动词形式是其过去分词，即"V-ed"，而不是动词的名物化形式，如例 6。

例 6：(6a) We did get ushered out rather firmly.(Wanner,2013)[46]

(6b) Much of the savings gets passed along to consumers.(Wanner,2013)[46]

---

① "PASS"：被动标记或词缀；"PAST"：过去时；"ART"：冠词成分；"ACTIVE"：主动语态；"1"：第一人称；"ABS"：绝对格(absolute case)；"CAUS"：致使(causative)标记；"3SG"：第三人称单数；"INDIC"：陈述(indicative)标记；"ALLATIVE"：向格(allative case)。

经历类动词用作助动词的情况在东南亚国家的语言中非常普遍，包括泰语中的“thuùk”、越南语中的“bi”、柬埔寨语中的“trəw”及马来语中的“kena”，比如例7至例10。

例7：泰语(Prasithrathsint，2004)[584]

Khaw	thuùk	khâa
He/She	PASS	kill

“He/She was killed.”(“他/她被杀了。”)

例8：越南语(Prasithrathsint，2004)[584]

Nó	bi	dánh
He/she	PASS	beat

“He/She was beaten.”(“他/她被打了。”)

例9：柬埔寨语(Prasithrathsint，2004)[585]

ki：	trəw	wəy
he/she	PASS	beat

“He/She was beaten.”(“他/她被打了。”)

例10：马来语(Prasithrathsint，2004)[585]

Budak	jahat	itu	kena	pukul
Boy	naughty	the	PASS	beat

“The naughty boy was beaten.”(“淘气的小孩被打了。”)

汉语被动句也属于这类情况。如例2所示，“被”通常被视为被动标记，它所接的动词成分，即“吃掉”，也不存在任何形态上的变化。这种句法构造比较特殊。Keenan和Dryer(2007)提出，被动句的构造属于动词短语的句法操作，发生在短语层面上，因而不同于话题句等针对句子层面的操作。这一观点的证据是绝大部分语言的被动句通常都会有动词的形态变化，如英语中的“be+V-ed”，如(2b)；斯莱语中的“gə-V”，如(4b)；泽塔尔语中动词的名物化形式，如(5)等。但是，汉语被动句中的动词并没有任何形态上的标志，以上列举的东南亚国家的语言也是如此。在缺少形态变化的情况下，汉语被动句是否符合 Keenan 和 Dryer(2007)对被动句句法特征的跨语言概括仍有疑问。

其次,不同语言的基本被动句也有不同的语义特征。这主要指它们是否表示完成义(perfectivity)。比如,马尔加什语(Malagasy)存在三个被动前缀,分别是“a-”“voa-”及“tafa-”。它们可以和动词“tsangana”构成三种被动形式。

例 11:马尔加什语(Keenan et al.,2007)[333-334]

(11a)Man + tsangana(= manangana) ny lai aho
ACTIVE put up the tent I
“I am putting up the tent.”(“我在搭建帐篷。”)

(11b)A-tsanga-ko ny lai
PASS-put.up the tent
“The tent is put up by me.”(“帐篷被我搭建了。”)

(11c)Voa-tsangana ny lai
PASS-put.up the tent
“The tent is put up.”(“帐篷被搭建了。”)

(11d)Tafa-tsangana ny lai
PASS-put.up the tent
“The tent is put up.”(“帐篷被搭建了。”)

其中,由“voa-”和“tafa-”构成的被动形式一般不接施事短语。此外,这三种被动形式的意义也存在一定程度的差异。一般而言,(11b)是和(11a)相对应的常规被动句。与(11b)不同,(11c)中的“voa-”具有完成义,指“搭帐篷”的行为已成功完成。而(11d)中的“搭帐篷”更像是自发的行为,对施事(即“搭帐篷”的人)的行为的作用反而被弱化。作为玛雅语系(Mayan languages)的语言之一,奇奇语(Kekchi)会通过两个被动格式表达“进行”和“结果”两种意义,如(12a)和(12b)。

例 12：奇奇语(Keenan et al.，2007)[341]

(12a) La? in　　　　sh-insak? -e?

I　　　　PAST-1(ABS)-hit-PASS

"I was hit."("我被打了。"强调"打"的行为)

(12b) La? in　　　　sak? -b? il-in

I　　　　hit-PASS-1(ABS)

"I am the one who is hit."("我是那个被打的。"强调"打"的结果状态)

英语的被动形式，即"be＋V-ed"是单纯的结构变化。它的时体意义需要通过其他曲折变化或助动词来实现。这与马尔加什语和奇奇语都不同。比如，(13a) 和(13b)分别通过"be being V-ed"和"have been V-ed"来实现进行体和完成体意义。

例 13：(13a) I am being hit offline by the opposing team.(互联网)

(13b) I have been hit offline by the opposing team.

有趣的是，汉语被动句只能表达完成义，类似(11b)，不能用于表达进行义，类似(11a)。汉语通过格式"V 着"或"正在 V"表示行为的进行或正在实施，如例 14。但是，这两种格式均不能用于被动句，即(15a)和(15b)。

例 14：(14a)我们吃着饺子。

(14b)我们正在吃饺子。

例 15：(15a)*饺子被吃着。

(15b)*饺子正在被吃。

被动句的另一语义差异是看主语所指对象受到了何种影响。这种"影响性"(affectedness)是东南亚国家的语言中被动句的典型特征。一般而言，这些语言中的被动句都带有消极意义(adversative meaning)，如例 7 至例 10。这也是助动词，即"*thuùk*""*bi*""*trəw*"及"*kena*"常被称为消极被动标记(adversative passive marker)的原因(Prasithrathsint，2004)。

同样，"影响性"也是汉语被动句意义表达的一个重要方面。但是，汉语被动句未区分这种影响是消极还是积极。比较例 16 和例 17，“被妈妈打了”和“被敌人杀了”都有消极意义，而“被雪花装饰得那么美丽”及“被称为球王”则有积极意义。对此，1.2 节还会讨论。

例 16：（16a）这个小孩又被妈妈打了。(BCC)

（16b）我们分区内的弟兄全被敌人杀了。(BCC)

例 17：（17a）天井被雪花装饰得那么美丽，那么纯洁。(CCL)

（17b）他被称为球王。(CCL)

综上，不论是在句法上还是语义上，汉语被动句和其他语言（特别是东南亚国家的语言）的被动句有共同之处，也有独特之处。1.2 节会把汉语的这些特点归结为两个问题，并在随后的章节展开讨论。

1.2　汉语被动句相关研究及存在问题

1.1 节提到，汉语被动句主要指“被”字句。当然，除“被”外，汉语被动句还可通过其他被动标记，如“给”“叫”“让”等引导。若把（2b）中的“被”替换为“叫”“让”“给”，被动意义基本不变。对于这类被动句，学界主要关注的问题是，这些动词如何演变成为被动标记，以及它们的被动用法具有怎样的动因（具体见第 6 章）。

例 18：（18a）饺子给狗吃掉了。

（18b）饺子叫狗吃掉了。

（18c）饺子让狗吃掉了。

本节主要围绕“被”字句——汉语被动句的核心问题展开，既包括直接被动句，即例 2，也包括间接被动句，即例 3。例句重述如下。

例 2：（2a）饺子被吃掉了。（短被动句）(Li et al，1989)[493]

（2b）饺子被狗吃掉了。（长被动句）(Li et al.，1989)[493]

例 3：（3a）张三被杀了父亲。（关涉被动句）(徐杰，1999)[17]

（3b）我又被他自摸了。（非关涉被动句）(Huang et al.，2009)[140]

汉语被动句是汉语句法学研究的核心问题，相关研究文献汗牛充栋。理论上，该句式主要涉及两个核心问题：(1)语义问题：被动句具有怎样的语义特征或概念描写？(2)句法问题：被动句各格式的句法论元是怎样实现的？

第二个问题以第一个问题为基础，形成一个句法语义接口问题。这些问题与“被”的句法性质、汉语的不同句式(如把字句、领主属宾句等)及跨语言的对比、被动语态的本质等问题关联起来，成为各句法理论学派必须面对的难点。下文将从这两个问题入手进行简要讨论。

1.2.1 语义问题及相关研究

汉语被动句语义研究的目标是寻求该句式的语义概括。随着观察的深入，用以概括的语义特征也越来越抽象，路径大致如下。

不幸说→处置说→遭受说→影响说→认知模型说

王力(1985)提出，被动句通常表示不如意或不期望的事情，即“不幸说”，比如例2和例3。尽管它们的句法格式不同，但均表示主语遭遇不幸的事件。赵元任(1968)，以及Li和Thompson(1989)又补充，被动句所描写的事件还应表示主语受事遭到某种处置或操控，即“处置说”。

近年来的研究则从历时语料出发，假设实义动词“被”语法化为被动标记后，其“遭受”或“蒙受”义得以保留，即“遭受说”(牛保义，2003；石毓智，2005；Peltomaa，2006)。问题是，并非所有被动句都表示“不幸”“处置”或“遭受”，如例17。例句重述如下。

例 17：(17a)天井被雪花装饰得那么美丽，那么纯洁。(CCL)

(17b)他被称为球王。(CCL)

1.1节提到，(17a)和(17b)均表示有利或令人期待的情况。这也是汉语被动句不同于东南亚国家语言中的被动句的地方。解决语义问题研究难题有两个途径。

第一，假设更抽象的语义特征。张伯江(2001)将被动句概括为主语受到直接或间接的影响，即“影响说”。比如，例 2 中的“饺子”因被“吃掉”而受到了直接的影响。例 3 中的“张三”或“我”因“父亲”的死亡或“其他人自摸牌”而间接受到影响。Fan 和 Kuno(2013)进一步假设其影响程度受语用因素的制约。

第二，借鉴典型理论，将例 2 和例 3 可分别看作是被动句的典型句式和引申句式(Shibatani，1985；刘芬 等，2011)。遵循这一思路，可将直接被动句视为基于施受、致使等关系的认知模型(cognitive model)或意象图式(image schema)，即“认知模型说”(熊学亮 等，2003；朱军，2010；邓云华，2011；颜力涛 等，2014)。这一做法可回避寻求抽象的概括义的困境。但是，引申句式(如例 3)是否也可纳入认知模型中进行解释有待进一步研究。

诚然，以上研究加深了我们对汉语被动句的语义认识，但仍存在以下问题有待解决：第一，被动句各格式是否存在统一且更为精确的语义描写？第二，不同格式(如例 2 和例 3)的语义异同是什么？

1.2.2　句法问题及相关研究

在句法上，被动句涉及的主要问题是主语论元、“被”所接论元与宾语论元是如何实现的。以生成语法为代表的形式句法学主要通过假设“被”的不同句法性质来解决该问题，而这又取决于对被动句编码的事件性质假设。假设可分为单一事件假设和合成事件假设两类。

单一事件假设认为，汉语被动句表征唯一事件，即“⟨e⟩”。事件 e 由动词 V 或“被 V”编码，在句法上投射为“($_s$……被……V……)”或“($_s$……被 V……)”格式(省略号指相关句法论元)。这样，不同格式的论元的实现就可参照对被动化的一般处理思路(如 Burzio，1986；Kiparsky，2013)，并结合汉语被动句的特殊情况加以修正完成。

比如，石定栩、胡建华(2005)假设存在两个性质不同的“被”(介词和被动标记)来推导长、短被动句等格式，以避免单纯的介词假设(如李珊，1994)所导致的短被动句“被”的悬空问题。徐杰(1999；2006)则假设关涉被动句，如(3a)，是领有名词“张三”的提升。遵循其他理论框架，“被”还可被处理为特殊的被动成分，并假设不同推导规则来处理动词 V 的语义角色与论元实现的错配(Peltomaa,2006;杨国文,2014)。

总体上,单一事件假设可将被动句纳入一般的被动化操作,避免特设机制。但是,该路向难以准确反映被动句的语义特点。(3a)中“张三”不仅和宾语“父亲”存在领属关系,还是遭遇不幸的对象。

合成事件假设避免了这一缺陷。该假设认为,被动句对由两个子事件合成的复杂事件“$\langle e_1, e_2 \rangle$”进行编码。e_2是动词V编码的事件。e_1是e_2的出现所导致的事件,即致使或蒙受事件(熊学亮、王志军,2003;Lin & Huang,2015),如“土匪杀死父亲”导致“张三”遭受影响。该事件可由“被”编码。这样,被动句就是“被”和动词V的句法投射,即“[$_{s2}$……被……($_{s1}$…… V ……)]”。

在句法上,Huang、Li 和 Li(2009)假设“被”是一个表示“经历”的半词汇动词(semi-lexical verb)。如例 19 所示,长被动句的句法结构是动词“被”接一个包含空算子(null operator)的结构。这个结构的空算子源自“踢”的受事宾语,并且和句子主语“张三”构成述谓关系(predication)。基于该结构分析,例 19 表示“张三作为受影响的对象 x,让李四踢了两次”。对于短被动句,即例 20,动词“被”接一个包含大代语(PRO)的动词短语。这个短语的大代语来自动词“踢”的受事宾语,同时和句子的主语“张三”构成控制关系。基于该结构分析,例 20 表示“张三作为受影响的对象 x,x 被踢了两次”。该分析的优势是通过述谓关系或控制关系将被动句的主语“张三”和事件“踢”关联起来。

例 19:张三$_i$被[OP$_i$[李四 踢了 t_i两次]](Huang,2013)[96]

述谓　　　　移位

例 20:张三$_i$被 [$_{vP}$PRO 踢了 t_i两次](Huang,2013)[96]

控制　　　　移位

但是,长、短被动句是否是两种不同的句法结构,是否涉及两种不同的推导机制,研究者对此持不同看法(马志刚,2013;马志刚 等,2015)。此外,对于“被”究竟具有怎样的句法性质也有争议(邓思颖,2004;安丰存,2007;Her,2009;Liu,2016)。

合成事件假设的另一类思路是，假设事件 e_1 通过轻动词 v 编码，和动词 V 一起投射为“$[_{s2}$……V……$(_{s1}$……V……$)]$”。此时，“被”的句法地位取决于对投射机制的不同看法（熊仲儒，2003；李红梅，2004；邓思颖，2008；曹道根，2009；黄正德 等，2014 等）。

合成事件假设有其优势，并且有历时证据的支持，原因是“被”原本是一个表示“遭受”或“蒙受”的动词。但是，一个常被忽视的关键点是，我们该如何看待事件 e_1 和 e_2 的性质和关系。比如，被动句的不同格式，如，(21a)和(21b)均描写同一情景“土匪杀死张三的父亲”，它们是指两个相同的合成事件（即 e_1 和 e_2），还是两个不同的合成事件？其中的两个子事件即 e_1 和 e_2 又是什么关系？

例 21：(21a)张三被土匪杀了父亲。

(21b)张三的父亲被土匪杀了。

综上所述，被动句的论元实现（句法问题）与其概念分析（语义问题）紧密相关，但当前研究未就这一接口问题提供一个系统的且令人满意的解决办法。鉴于此，本书将在认知语言学的大背景下，以认知语法提出的构式观和意义观为理论基础，为这些问题提供一个合理的系统性解决方案，并揭示被动语态的认知本质。此外，本书也会就和被动句密切相关的其他问题（如“把”“被”同现现象、创新被动格式、“给”字被动句等）给出具体的认知解释。

1.3　研究对象、目标与方法

遵循心智主义传统，认知构式语法（Cognitive Construction Grammar）①

① 本书中提到的认知构式语法指在认知语言学的背景下，遵循以使用为基础的(usage-based)理论假设模拟语言知识的语法理论，主要包括认知语法（Cognitive Grammar）(Langacker，1987；Langacker，1991；Langacker，1999；Langacker，2008a)、构式语法（Construction Grammar）（Goldberg，1995；Goldberg，2006），也包括极端构式语法(Radical Construction Grammar)(Croft，2001)等。认知构式语法的概念参考 Langacker(2009a)对认知语法和构式语法理论趋向的异同分析，以及 Boas(2013)对认知构式语法与其他构式语法的区分。

假设人类之所以能够说话是因为大脑中存在某些数据结构，即语言知识系统。和主流生成语言学一致，认知构式语法学派的研究目标也是要描写这一知识系统（Langacker，1987；Goldberg，2003；张韧，2005；张韧，2006；张韧，2007；Boas，2013）。就汉语语言系统而言，其研究目标可概括为：遵循语言能力反映人类普遍认知能力的基本理念，对汉语语法系统做出符合语言事实的认知结构假设，并揭示其与具身体验的关联性。这一研究目标可具体分为三个核心的研究领域（庞加光，2017）[21]。（1）词类及各小类的概念结构、认知（或体验）动因及其与相关语法构式的关系；（2）汉语虚词的概念结构、历时演变的认知（或体验）动因及与对应实词的关系；（3）语法构式（基本句式、各复杂或抽象程度不等的构式）的概念结构、认知（或体验）动因及与词汇的互动关系。

本书中对被动句的句法语义研究属于语法构式的研究领域。1.2 节提到，本书的研究问题包括语义和句法两个层面。认知语义学将意义视为概念化（conceptualization），即心理经验。这既包括情景内容，也包括对情景内容的概念观照（construal）①。一方面，被动句作为抽象的语法构式可被视为特定的概念观照模式，对被动句的语义描写必须以此为突破口。另一方面，该观照模式与相关情景事件的互动体现为被动句多样化的论元实现。这构成了分析被动句句法问题的核心思路。

总体而言，本书的研究目标是，从被动句的观照模式出发，展开对不同被动格式的论元实现分析、汉英被动语态的认知比较分析，并揭示被动语态的认知本质。同时，本书也会讨论“被”和“把”同现句的概念合成（conceptual integration）方式，并就“给”作为被动标记的认知动因给出解释。本书的研究对象主要包括如下四类句法现象。

（1）由被动标记“被”引导的一般被动句，即长、短被动句（如例 2）、关涉、非关涉被动句（如例 3）（例句重述如下）。对一般被动句的讨论构成本书中

① 这里把“construal”译为“观照”，原因是该翻译可凸显“construal”作为认知加工手段和人类感知（perception）的相通性，从而能够更好地体现认知语法解释认知机制的基本思想（Langacker，1987；Langacker，2008a）。

对与被动句相关的其他句法现象分析的基础。

例 2：(2a)饺子被吃掉了。(短被动句)(Li et al.，1989)[493]

(2b)饺子被狗吃掉了。(长被动句)(Li et al.，1989)[493]

例 3：(3a)张三被杀了父亲。(关涉被动句)(徐杰，1999)[17]

(3b)我又被他自摸了。(非关涉被动句)(Huang et al.，2009)[140]

(2)近年来流行的新创被动格式，如例 22 中的“被自愿”“被幸福”“被就业”等。这类特殊的被动格式是通过怎样的认知机制生成的也是本书讨论的问题之一。

例 22：(22a)家长被自愿购买校通信服务。(BBC)

(22b)市民感觉被幸福。(互联网)

(22c)小王被就业了。(王寅 2011b)[15]

(3)“被”字结构和“把”字结构同现的句法现象，即“把”“被”同现句和“被”“把”同现句，如(23a)和(23b)。“被”字句和“把”字句代表的是汉语中的两种主要句式。这两种句式为何能杂糅到一起或者说这种杂糅具有怎样的概念基础，本书也会给出认知解释。

例 23：(23a)我把长发被他咔嚓一剪就没有了。(BCC)

(23b)她……就突然被一双有力的大手从后面紧紧地拦腰把她抱住了。(BCC)

(4)由“给”引导的被动句，即“给”字被动句，如例 24。“给”的被动用法比较特殊。这种用法具有怎样的认知动因，和“被”字句有怎样的异同，本书对此也会做出详细分析。

例 24：(24a)衣服给雨淋湿了。(吕叔湘，1999)[227]

(24b)衣服给淋湿了。

在研究方法上，本书第 3、4 章对被动句及论元实现的讨论主要以定性分析与演绎论证为主，重视内省与真实语料相结合，同时参考个人访谈数据与跨语言语料的对比分析。整个论证严格遵循认知语言学的基本假设，即语言能力是人类普遍认知能力的一部分(Lakoff,1987;Langacker,1987;Lakoff et al.,1999;Croft et al.,2004;Evans et al.,2006)。

第5章中,为详细分析“把”和“被”同现的情况,我们选取北京语言大学汉语语料库对“把”“被”和“被”“把”同现句并进行了穷尽性检索与分析。选择该语料库的原因主要是,该语料库包含报刊、文学、微博、科技等多种体裁与领域,是可以全面反映当今社会语言生活的大规模语料库。基于该语料库的检索与分析会更客观地反映“把”“被”和“被”“把”同现句的使用现状。

第6章分析被动“给”的认知基础,强调历时语料和共时语料相结合的研究方法。在历时语料方面,我们通过查阅《古代汉语词典》(第2版),回顾前人关于“给”的历时演变的研究,梳理出“给”用法的时间线,以期为本章对“给”的认知分析提供时间上的证据。在共时语料方面,我们检索北京大学中文语言学研究中心语料库,选择前15万个包含关键词“给”的例句(约占该语料库“给”语料总数的50%),并从中提取出“给”的被动用法,用以分析被动“给”的使用语境。而且,我们还选取了该语料库中包含“给”的前1万个例句,用以分析“给”的不同用法。

本书语料的来源以及标注方式如下。

(1)相关文献引用例句,随各例标注于后;

(2)北京大学汉语语言学研究中心语料库现代汉语库,标注为“CCL”;

(3)北京语言大学汉语语料库,标注为“BCC”;

(4)网络文本语料,标注为“互联网”;

(5)当代美语语料库,标注为“COCA”。

关于标注符号,“#”指句子不完整或不符合汉语使用习惯,标注“*”指句子不可接受,“??”和“?”分别指可接受程度很低和稍低。除非本书给出特别说明,句子的合法性判断均不假设特殊的语境。另外,对于个别有争议的句子,本书的处理办法是参考研究者自己的语感并咨询数名母语人士作出判断,这部分在脚注中给出了具体说明。

1.4　章节安排

本书旨在从被动句的观照模式出发，分析不同被动格式的论元实现和汉英被动句的认知比较，解释“被”“把”结构同现现象的概念合成，并且探究被动标记“给”的认知动因，进而揭示被动语态的认知本质。本书的章节安排如下。

第 1 章为导言，对汉语被动句进行了跨语言讨论，简要回顾了与该句式相关的语义和句法研究。同时，本章也对研究对象、目标、方法，以及相关语料等方面进行了简要说明。

第 2 章是对本书的理论框架，即认知语法的讨论。认知语法强调语言知识的基本成分是构式。本章从学得、心理属性与心智模拟三个方面讨论了认知语法的构式观，这构成了本书讨论汉语被动句的理论基础。同时，以体验观(embodiment)为基础，认知语法提出了一套和真值条件语义学(truth-conditional semantics)完全不同的语义理论，即概念语义学(conceptual semantics)来描写语法构式的概念结构，强调语义描写的主观性(subjectivity)。这一理念也会在本章具体讨论。这也是本书对被动句的概念分析与认知解释的理论前提。

第 3 章是对本书提出的语义和句法问题的具体分析与论证。汉语被动句的主要句法特点是论元实现的多样性。本书提出，被动句的认知基础可概括为目标射体被执行体控制的结果状态，即控制构型(control pattern)。这也构成了抽象的被动构式的语义描写。由动词等成分编码的情景事件会以不同方式和这一构型进行协调，从而构造出不同被动格式的论元实现。被动语态在功能上可概括为施事的去焦点化(defocusing)。英语和汉语被动句实质是实现这一功能的两种不同的语言策略。

第 4 章主要分析新创被动格式的认知机制。本书提出，“被自愿”“被幸福”等被动格式的出现实质是控制构型对“自愿”“幸福”及相关社会事件的范畴化。作为范畴化的结果，“被自愿”“被幸福”的概念功能可概括为凸显执行体对目标射体的控制，并涌现出非自主、非受益等特征。这会造就一个独特的底层被动构式，并促使“被自愿”和“被幸福”的词汇化，但不会引发“自愿”的语义或功能变化。

第 5 章具体分析汉语“被”字结构和“把”字结构同现的句法现象。通过对 BCC 语料库进行穷尽性检索后，我们发现，“把”“被”同现句是罕见的同现现象，而“被”“把”同现句有相对较多的例句，有发展为独立的语法构式的趋势。而且，本章进一步提出，现代汉语中“把”字句的认知基础是控制关系，表达了作为射体的执行体对目标对象的控制。又由于“被”字句的认知基础也涉及控制关系，因此“被”字结构和“把”字结构的句法组合就可视为它们所编码的两个控制关系基于不同对应的概念交叉。它们相通的认知基础使得这种概念交叉与合成成为可能。

第 6 章主要讨论被动“给”的认知动因，以及它与汉语其他被动标记的异同。本章提出，被动“给”源自介词“给”的语义引申。这种引申得益于特殊的话题结构“NP1 给 NP2 VP”。它的概念结构可描写为执行体（通常为施事）通过某种行为而将目标射体（通常为受事）纳入它的控制领地（经验域）。因此，“给”被动句和“被”字句具有相同的认知基础。它们的差异在于，前者多用于表达消极的意义。

第 7 章是对本书主要发现的总结，以及对未来研究的展望。本书对汉语被动句涉及的相关语义和句法问题进行了全面系统的讨论，对汉语语法、语言学理论和类型学研究都有一定的参考意义。另外，本书的主要观点需要更多的语料，以及汉语和除英语外的其他语言的对比研究成果的支持。这也是今后可进一步开展的课题。

第2章　认知语法的基本理念

本书将认知语法作为理论框架。认知语法可以说是认知语言学这一视角下最全面、最有影响的语法理论之一(Evans et al.,2007)。该理论对语言知识的模拟主要遵循两大思路:一个是假设语言知识的基础成分是象征单位(symbolic unit)或构式,另一个是采取概念语义学的理念描写构式的意义。

2.1节从学得、心理属性与心智模拟三个方面对认知语法的构式观进行简要讨论。2.2节主要讨论涉及概念语义学的三个核心理念,即百科知识、概念观照与概念合成。这些内容构成我们对被动句语义分析的理论基础。2.3节是本章小结。

2.1　构式观

近年来,构式语法作为句法研究的理论范式非常兴盛。从句法结构中发现构式,并找出它们的句法、语义或语用特征已成为构式研究者分析句法结构的方法和策略。构式也成为一个时髦的标签。与之相伴的还有一种质疑的声音:把各式各样的句法结构都看作是构式,并使之成为解决所有句法问题的万能钥匙是否恰当?这也导致不少学者对构式一直持怀疑甚至是拒绝的态度,认为我们不应把构式泛化到所有句法结构中,构式语法理论不能“包打天下”(邓云华 等,2007;陆俭明,2016)。

事实上,这两种做法都有值得商榷之处。这关系到构式语法理论对语言知识的宏观模拟,以及我们对构式的根本认识。对此,2.1.1节和2.1.2节拟从认知语法的视角出发,讨论构式的学得及其心理属性,并指出这样的

“泛化”处理正是构式语法理论的目的所在。这也构成了本书对不同被动现象分析的理论基础。

2.1.1 构式的学得

认知语法是一个以使用为基础的(usage-based)语言模型。该模型强调语言知识来自语言的使用(Bybee & Hopper,2001;Taylor,2004b;Taylor,2012)。换言之,语言知识并不是先天的(innate),而是基于语言经验的学得(Bybee,2010;Bybee,2013)。语言经验是在特定的交际环境下用于表达特定的意义或实现某方面功能的语音片段。不论是词汇还是句法规则,都源自这样的反复出现的语言经验(庞加光,2015a)。这也意味着,由此构建的语言系统中也就不可能存在独立于意义或功能的句法成分或句法规则。它也自然不是一个以词汇为输入,以句子为产出的规则运算系统。这样的语言系统应该是一个通过大量重复出现的语言经验逐步学得,并用于评估语言经验的知识系统。

比如,一个两岁的儿童会说“Me want that”。主流形式句法学的观点是,他已学得用于生成及物句的句法规则。但是,从以使用为基础的视角看,他仅学得动词“want”的一个习惯用法,即“Me want X”(Tomasello & Brooks,1998;Tomasello,2003)。对及物句的完全学得必须以无数个类似实例(instance)为基础。

这一过程依赖于两个心理机制,即自动化(automatization)和范型化(schematization)(Langacker,2008a)[16-17]。前者指语言表达,如“Me want that”,会随使用频率的增加而固化,从而具备单位身份(unit status)。后者指内在于同类表达中的共性特征会被抽取出来,从而获得范型(schema)①表征。“Me want X”可看作是从“Me want that”“Me want this”及“Me want toy”等实例中抽取出来的构式范型(constructional schema)。

---

① 本书把“schema”译为“范型”(而非“图式”)主要是因为“范型”既能够体现“schema”来自无数音义片段的共性特征(即“范”),也能够体现“schema”的完形(gestalt)特征(即“型”)。

这样，语言知识的学得就是一个音义片段的去语境化(decontextualization)和固化的过程。由于去语境化和固化都有一个程度问题，因此语言知识和语言使用之间的界限也就不是一清二楚的。而且，如图 2.1 所示，即使是语境信息也会随语言单位一起被固化为语言知识(Langacker，2008a；Bybee，2010)。

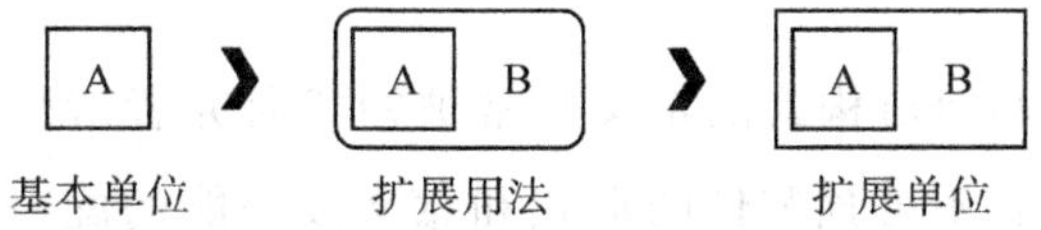

图 2.1　语境信息的固化(Langacker，2003；庞加光，2015a)

基于 Langacker 的标注法，直角方框和方括号指相关结构具备单位身份；圆角方框和圆括号指不具备单位身份。图 2.1 表示，符号单位"[A]"由于频繁和语境信息"(B)"共现，致使二者被固化为一个更大的符号单位"[A B]"。

比如，形名搭配"heavy drinker"或"heavy smoker"中，"heavy"并非用于任何活动的超量(如"＊heavy eater")。因此，英语说话人必须知道"heavy"能够用于指喝酒和抽烟超量(Taylor，2003)[337]。

可以把"[A]"看作单个词语，如"heavy"。"heavy"的学得与使用均离不开其句法环境，英语说话人对"heavy"的语言知识实际指其已学会该词的多个用法，即多个类似"[A B]"的符号单位，如"heavy drinker""heavy smoker"等，而并不包括"heavy eater"这一用法。实际上，这也体现出词汇和句法环境的紧密关系(Langacker，1999；张韧，2009；Taylor，2003；Taylor，2012)。

Langacker(1990；2008a；2009b)提出，以此构建的语言系统只包含三类基本成分：(1)语言使用中真实出现的语义、语音和象征结构；(2)被允准(sanction)结构的范型化；(3)被允准结构之间的范畴化关系。

实际上，这一处理思路是把语言知识和语言使用直接关联起来，不承认存在独立的语言机制，如普遍语法(universal grammar)。这样的话，那些纯粹的语法构件，如没有语音形式的标记成分，比如语迹(trace)等，就被排除在语言系统之外了(Langacker，1990)。基本的词类和语法功能、不同类型的语法成分及复杂程度不一的句法规则都是象征结构或构式。在这一视角下，汉语被动句不再是一种单纯的句法现象，不同于一般及物句的特殊句法结构，它反映的是其特殊的概念结构。2.1.2 节将从构式的心理属性出发，讨论我们该如何认识类似被动句这样的语法构式。

2.1.2 构式的心理属性

Goldberg(1995)对构式的定义常常被构式研究者所采用。她的思路是把构式看作是具有不可预测性的形式和意义或功能的配对。不可预测性既可以是在形式或句法层面，也可以是在意义或功能层面。实际上，该定义更适合用作构式的判断标准(Hilpert,2014)，即某个语言结构只要满足不可预测性就可看作是构式。但是，不能就此认为，所有的构式都必须满足这一标准。Goldberg(2006)[5]对此也做了修正，把那些可以预测并且是固化的语言结构，如"cats""easier""I don't know"，也归为构式。

事实上，Langacker(1987)对构式进行了详尽的解释。他提出，构式是规约化的象征单位，即固化在使用者心智内，并被其语言社群所接受的语音结构和语义结构的配对。这一界定凸显出构式的三个属性，即象征属性、心理属性和规约性。这是任何构式研究都需要考虑的三个层面。由于心理属性与本书对被动句的讨论密切相关且常被忽视，所以本节重点讨论这一属性。

总体而言，构式的心理属性意味着构式及构式关系的模拟必须遵循心理现实性(psychological plausibility)。上文提到，在认知语言学的理论背景下，构式语法不承认存在专门用于语言理解和产出的认知机制，而是强调语言系统和语言使用的紧密关联。2.1.1 节提到，构式只能来自我们日常的语言使用经验(Bybee,2013)。这些经验可以被称为语言使用的具体实例或使用事件(usage event)，即在某个时空情景下，说话人或听话人基于双方共有的知识并考虑到当前语篇环境，就某个语音片段表达某些概念内容达成一致(Langacker,1987;Langacker,2016b)。使用事件可以是听到或说出的任何话语片段，如一个词、一个短语、一个小句，乃至一个复杂的句子或段落等。

作为语言系统的基础成分，构式直接来自这些使用事件，即使用事件在不同维度上所体现的共性特征的范型化和固化。这包括个体、互动、描写和语篇四个维度（Langacker，2016b），包括表达情感经验（“Ouch！”“哎呀！”）、维系社会关系（“你好”“please”）、情景描写（“我吃饭了”）与语篇组织（“and”“but”）等不同层面的语言结构。

简言之，一旦假设语言知识源自语言使用，这些维度中的任何成分及其关系，不论大小或强弱都可能被抽取出来进入语言系统。在这一视角下，语义结构和语音结构有很大的包容性。与之相应，构式可以涵盖从语素到句式，乃至篇章段落等不同类型的语法结构体，也可以涵盖从实词、习语或名言警句到虚词、语法关系或句法格式等抽象程度和复杂程度不等的语言单位。这样看的话，构式语法的确存在 2.1.1 节开头提到的“泛化”思路，但这也恰恰是作为认知构式语法之一的认知语法的目的所在，即达成理论的简约性与概念的统一性（Langacker，1987）。

强调构式本身的心理现实性还意味着，我们至少需要弄清楚与它的句法结构相关联的语义结构，以及涉及的表达功能、认知模式等因素。这也关系到我们对语言使用的根本认识。这里仅针对语法构式，即复杂的形义配对进行说明。基于以上讨论，语法构式来自固化的语言表达的抽象。语言表达是使用事件作为一种语言编码策略用于完成某方面表达（或交际）功能的认知活动（Langacker，2016b），可表示为图 2.2。

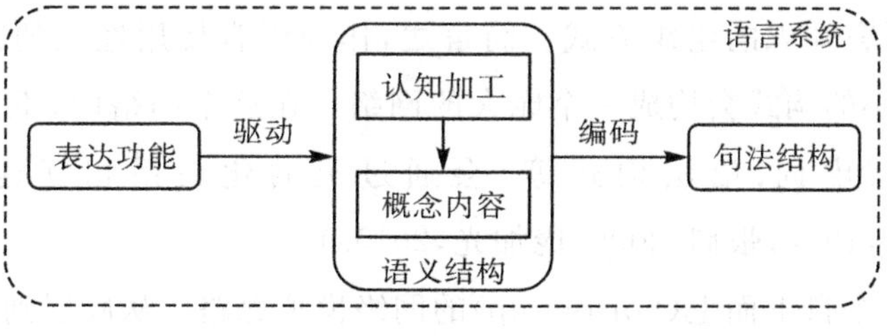

图 2.2　功能、认知与结构的关系（许小艳 等，2022）[340]

基于图 2.2，任何表达，即句法结构，均可看作是一种语言编码策略，用于实现表达或交际功能。同时，这又以对概念内容的认知加工模式(cognitive processing pattern)为基础。因此，我们可以从两个层面来看：在功能层面，句法结构作为语言编码策略的目的是达成交际过程中某方面的功能。在认知层面，该句法结构又是语言使用者对相关概念内容进行认知加工的语言表征。这些不同的认知加工手段可称为概念观照(conceptual construal)(Langacker，1991；Langacker，2008a；Langacker，2008b)。同时，宏观上，任何语言编码策略又都受制于语言系统的整体特点(如图 2.2 外虚线方框所示)。

图 2.2 实际是把语言表达看作是表达功能、认知加工和句法结构三方面的结合体。既然语法构式来自语言表达，也就可以通过图 2.2 来描写。换言之，语法构式可看作是图 2.2 的固化或抽象。因此，我们同样可以从这三个方面的相互关系的角度来认识。这为我们把握包括被动句在内的汉语不同句式的特点提供了基础，也为我们比较不同语言的同类句式提供了思路。3.3 节会以汉英被动句为例来说明图 2.2 如何帮助我们认识这两种不同的语法构式。

2.1.3 构式网络与范畴化关系

2.1.2 节提到，认知语法假设语言知识和语言使用的直接关联(Langacker，2008a；Langacker，2008b；Langacker，2009a)，这也决定了我们大脑中的语言知识的组织方式。简言之，作为语言使用经验的范型化和固化，大大小小的构式会构成一个庞大的网络。在这个网络内，不同类型的构式(如动词、虚词、语法构式等)会通过范畴化关系相互连接在一起(Langacker，1987；张韧，2009；庞加光，2015a)。

这是一个自下而上(bottom-up)的网络模拟思路。从底层到高层分别是具体的词汇或习语表达(底层构式)、低层次词类或半抽象的格式(中间层构式)、抽象的词类或构式(高层次构式)。比如，动词“吃”既涉及固化的结构“吃食堂”或“吃人”，也包括其作为及物动词的“[吃 NP]”(方括号指结构具备单位身份，下同)乃至更抽象的动词词性“V”等方面的知识。同样，双宾构式既包括习语表达，如“give me a hand”，还包括“give”“send”“tell”等动词的双及物用法，以及更为抽象的“[V NP1 NP2]”格式。换言之，不论是动词“吃”，还是双宾构式，它们都会以网络的形式在大脑中存储。这些抽象程度不等、复杂程度不同的结构可看作是这个庞大网络中的不同节点(node)。它们相互之间通过范畴化关系关联。

图 2.3 可看成是最基本的范畴化关系网络模型。任何一个范畴的建立都是一个比较的过程。通过比较典型成员和目标成员，我们会发现它们之间的共性特征，这些共性特征会实现为范型。由于范型是典型成员和目标成员的共性抽象，因而和它们构成例示(instantiation)关系(即指向二者的实线箭头)。而典型成员和目标成员由于存在不相容的概念特征，两者因而构成引申(extension)关系(如两者间的虚线箭头所示)。

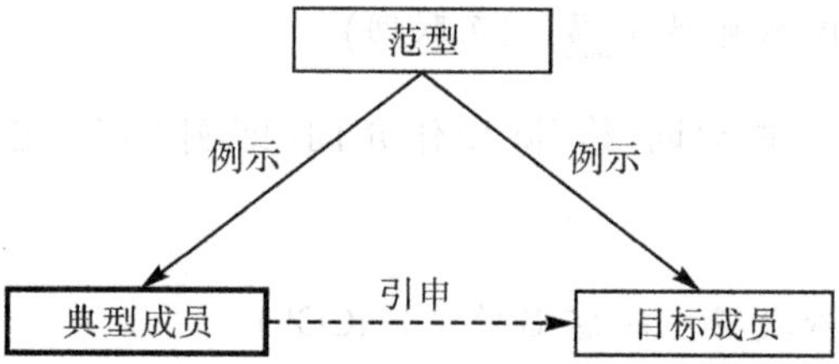

图 2.3　以典型和范型为基础的范畴化模型(Langacker，1987；庞加光，2015a)

举例来说，称电子邮件为“mail”意味着我们利用符号单位“[MAIL]”通过引申将电子邮件“(E_MAIL)”(圆括号指结构不具有单位身份，下同)这一概念范畴化(Langacker，2008a)[224-226]。尽管这不是“mail”的规约用法，但该用法仍被广为接受。这是因为，电子邮件和普通邮件之间存在很多共性特征，如文字呈现、信息传递和接受方式、时间上的非即时性等。这些特征可通过更为抽象的范型“(MAIL’)”来把握。此时，“(E-MAIL)”和“[MAIL]”成为这一范型的实例。

基于以上模型，语言的使用就不是一个合法与否(grammaticality)的问题，而是一个是否合乎语言规约(conventionality)的问题(Poulsen，2012)，即语言系统内部是否存在合适的构式或符号单位将相关表达范畴化(Langacker,1987;Langacker,1999;张韧,2009)。Taylor(2004a)指出,任何语言表达只有和语言系统中的其他构式建立起关联才能保证其合法存在。这些关联既包括与抽象的语法构式之间的“垂直”关系(例示关系),也包括与其他构式之间的相似关系(引申关系)。比如“吃食堂”,这个表达成立的原因在于它既会和“吃+NP”建立起例示关系,也会和“吃”的典型用法(如“吃饭”)建立起引申关系。这些不同的关系构成了“吃食堂”得以“生存”的生态环境。

同样道理,第4章将提出,新创被动格式,如“被自愿”“被幸福”等之所以能够被人们广泛接受且传播,是一般的被动句作为语法构式将它们通过引申关系范畴化的结果。这种范畴化关系使得新创被动格式进入被动句构式网络。

例1:(1a)家长被自愿购买校通信服务。(BBC)

(1b)市民感觉被幸福。(互联网)

另外,汉语双及物动词“给”除用作介词(即例2)外,也可以用来构造被动句,如例3。

例2:(2a)可惜我不能给您唱歌了。(CCL)

(2b)我小时候睡不着,我妈便在我床边儿唱歌给我听。(CCL)

例3:(3a)衣服给雨淋湿了。(吕叔湘 1999)[227]

(3b)衣服给淋湿了。

基于以上讨论,“给”的这些用法也会构成一个通过例示和引申关系相互关联的网络。这个网络可大致表示为图2.4。

其中,双及物动词“给”,即“[给$_1$]”可视作典型用法(如图2.4外方框粗线所示),以及介词“给”,即“[给$_2$]”可看作是固化程度不及它的一个核心用法(Newman,1996;Fagerli,2001)之间是引申关系(连接它们的虚线箭头)。相比较而言,被动“给”(“[给$_3$]”)和使役“给”(“[给$_{许可}$]”)是两个较为边缘的用法(如图2.4外方框为细线所示)。此外,被动“给”还和介词“给”构成了引申关系(如图2.4虚线箭头所示)。所有这些用法都是最为抽象的范型

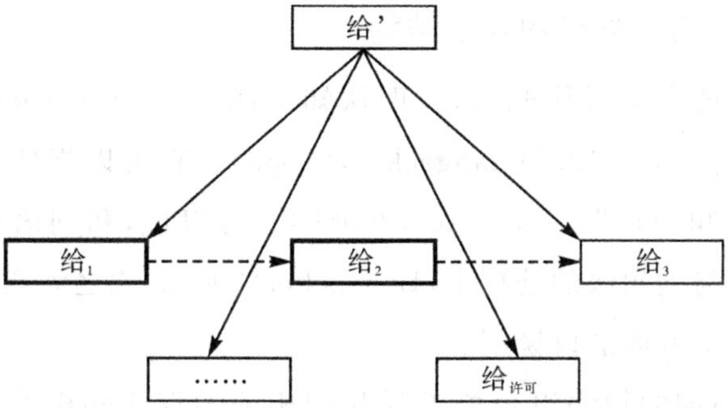

图 2.4　“给”不同用法的范畴化关系①

“[给’]”的成员。换言之，汉语双及物动词“给”之所以会演化出被动用法，正是因为整个“给”的构式网络（特别是和介词“给”的引申关系）为其创造了生存的环境。第 6 章对被动“给”的讨论就是要在概念层面上准确地描写这种关系。

2.2　概念语义学

概念语义学描写意义主要遵循两个原则（Langacker，1987；Langacker，2008a）。一个是意义的百科知识观，任何知识都可能参与语言的表达。另一个是对百科知识的认知加工，即概念观照。2.2.1 节和 2.2.2 节会分别论述。另外，成分与成分的句法组合是对相应概念结构合成的编码或符号化（symbolization）。2.2.3 节会对此进行讨论。

2.2.1　百科知识观

本节分为两个小节。2.2.1.1 节主要讨论认知语法提出的百科知识观。2.2.1.2 节介绍和汉语被动句相关的认知模型，即控制循环（control cycle）模型。

---

①　由于对“给”其他用法的扩展不在本书讨论的范围内，因此该图省略了它们之间的范畴化关系。

2.2.1.1 百科知识和句法结构

认知语法把意义看作概念化，即认知主体(conceptualizer)理解世界的认知活动(Langacker，1991；Langacker，2008a)。它可以指任何心理经验或认知常规，即“知识块”(Langacker，2006b)。可以说，和词语相关的任何知识块都可能参与到句法的处理中，Langacker(2008a)称之为意义的百科知识观。下文分两个方面加以说明。

首先，词与词的句法组合离不开和词相关的百科知识的参与。这里以汉语和英语中的一些“奇怪的”形名搭配为例。比如(4a)和(4b)，“快乐的”和“happy”原本是修饰人的形容词，但此处它们分别用来修饰“节日”和“restaurant”。传统汉语研究称这类“语义冲突”为移就或移情修辞。直觉上，“快乐的”和“节日”都不存在歧义，其他组合也是如此。

例 4：(4a)快乐的节日 / 不眠之夜 / 欢乐的篝火(徐盛桓，2011)[323]

(4b) happy restaurant/sleepless night/a nervous holiday(汪立荣，2005)

汪立荣(2005)采用概念整合(conceptual blending)理论(Fauconnier et al.，1998a；Fauconnier et al.，1998b)来解释这类现象。基本思路是，把形容词和相应名词的句法组合视为两个情景框架或输入空间(input space)之间的投射关系。实际上，该思路预设了语义的百科知识观。简单来说，“节日”的百科知识包含庆祝方式、庆祝节日的人物等信息。这样，“快乐的”和“节日”的概念整合实质是前者对参与庆祝节日的“人”的修饰。据此推断，如果相应名词不包含此类信息，则不能被“快乐的”修饰。如例5。

例 5：# 快乐的初三 / 快乐的桌子 / 快乐的火把①

其次，同一语义类的动词对其句法论元会有不同的选择限制(selectional restriction)，这往往与这些动词自身的百科知识相关。Jackendoff(1990)认为，动词“run”和“jog”的次范畴化框架(subcategorization)完全相同。如

① 此处，“初三”指日期，不指年级，而且也不考虑“初三”“桌子”或“火把”的隐喻用法。

(6a)和(6b)所示,它们作为不及物动词都有一个主语论元,还可以接一个表示移动路径或处所的介词短语。这说明,"run"和"jog"具有相同的概念结构,即属于相同的运动类型(action pattern)。它们在运动方式上的差异属于感知层面,不属于概念层面,因而与这两个动词的句法结构无关①。

例 6:(6a)I ran in the store to get the ice pops.(COCA)

(6b)I jogged in London.(互联网)

但是,Taylor(1996)提出,这两个动词的区别不在于运动类型的差别,而在于隐藏在它们背后的百科知识。简单而言,对"jog"的概念描写依赖于一个理想化的认知模型(idealized cognitive model)。基于该模型,人们通常是出于健康或健身的目的进行这项运动。这项运动属于中产阶级的生活方式之一。因此,"jog"不具有竞争性,也不以明确的目的地为目标。但是,"run"这项运动追求速度,往往需要身体的剧烈活动,是一种不同于"walk"的运动方式。

以上差异也造成了"run"和"jog"选择限制的不同。这至少包括三个方面:第一,老人、小孩或动物(马除外)可充当"run"的主语,但一般不会充当"jog"的主语。第二,由于"run"可以指有竞争性的运动,因此我们可以说"run against Phil""run neck and neck",而"jog"没有类似用法。"run"还可以接数量短语,如"a mile",表示跑步的距离,但"jog a mile"不成立。最后,比较(7a)和(7b),"run"还存在一种及物用法,即"run a race",这种用法可变换为被动句。但是,英语中不存在"jog a race"这一表达,更不可能存在与之对应的被动句。

例 7:(7a)The race will <u>be run</u> tomorrow.(Taylor,1996[28])

(7b)*The race will <u>be jogged</u> tomorrow.(Taylor,1996)[28]

---

① Jackendoff(1990)提出,动词的意义从概念和感知两个层面讨论。前一层面可以通过事件结构(event structure)来描写,决定了动词的句法行为。后者可以通过三维表征模型(3D model representation)来描写,和动词的句法行为没有关系。

当然，“run”和“jog”的句法行为差异远不止如此。但是，以上三方面足以说明百科知识，特别是与之相关的理想化认知模型对动词句法行为的决定性作用。

需要指出的是，我们对句子的解读也离不开与之相关的百科知识或理想化认知模型。它们构成解读整个句子的概念基底（conceptual substrate）（Langacker，2008a）[463-467]。汉语被动句也同样如此。与该句式相关的认知模型是控制循环模型。下文我们重点讨论这一模型。

2.2.1.2 控制循环模型

控制循环作为一种普遍的认知模式，适用于人类经验的很多方面（Langacker，2002；Langacker，2009b；Langacker，2013b）。比如，在行为层面，我们买了衣服，把衣服放在衣柜里，在合适的场合穿在身上。在社会层面，我们会跟原先不认识的人交流并成为好友。在心理层面，我们学习新的思想，理解并接受这些思想。所有这些都关系到我们对事物的控制。

任何事物都不是孤立的存在，都会与其他事物发生作用，产生联系，从而将某些事物纳入自己的处理范围。控制循环模型是这一过程的完形性认知（庞加光，2017；庞加光，2019）。比如，猫捕捉逐渐走近的老鼠。随着老鼠的靠近，猫注意到老鼠。它弓起身子、跳起并扑向老鼠，最后成功捉住老鼠。整个过程构成一个控制循环（Langacker，2002）。

控制循环体现了人类对事物互动的更高层次的认识，描写行为的实施者，即执行体（actor）通过施展作用力将目标纳入其领地（dominion）的过程。执行体好比“活着的”的实体，它们时时刻刻与周围环境发生互动，将周围的事物纳入其控制之下，从而使其“统治”的范围不断扩大。一旦不再参与和周围环境的互动，它也就失去了执行体的身份，从而成为“死的”事物。从这个角度看，控制循环模型具有动力学（force dynamic）特征。大致来说，整个过程可划分为初态、预备、发力和结果四个阶段，如图 2.5 所示。

小圆 A 和与它实线连接的圆分别指执行体与其控制的成员，所有成员构成它的控制领地，即大圆 D。图 2.5 描写执行体 A 与某个潜在的目标，即小圆 T 互动并将其控制的过程。初态，即图 2.5(a)，描写执行体 A 通过不

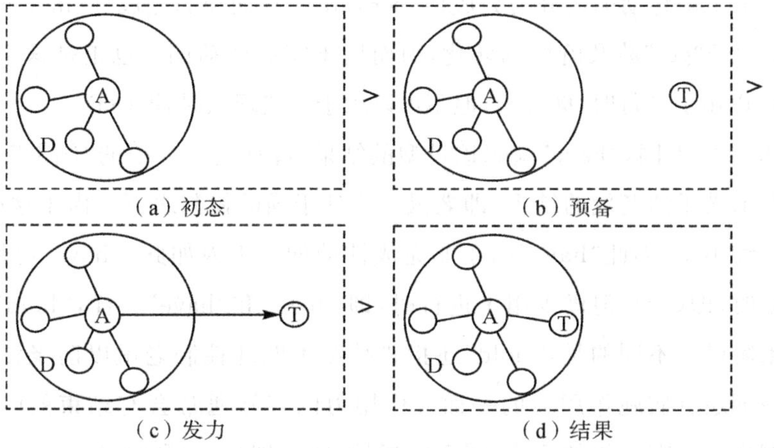

图 2.5　控制循环模型(Langacker,2002;庞加光,2017)

同作用力(连接的实线)对原有成员的不同控制(在大圆内占据不同位置)。预备阶段[图 2.5(b)]和发力阶段[图 2.5(c)]分别指目标 T 进入执行体 A 的视野,并引发二者的互动(实线箭头指 A 施展作用力)。其结果,即图 2.5(d),是目标 T 进入执行体 A 的领地并成为由其控制的成员。

作为抽象的认知模型,控制循环模型既体现在语言的词汇层面,也体现在语法层面(Langacker,2002;Langacker,2013b;庞加光,2017)。这里首先讨论该模型在词汇层面的体现,如例 8 至例 10。

例 8:(8a)*The cat <u>gets</u> a mouse.

(8b)The cat is <u>getting</u> a mouse.

例 9:(9a)The cat <u>has</u> a mouse.

(9b)*The cat is <u>having</u> a mouse.

例 10:(10a)The cat <u>holds</u> a mouse.

(10b)The cat is <u>holding</u> a mouse.

动词"get"可视为对从发力到结果阶段转变的编码(图 2.5 从"发力"到"结果"),即猫从实施"抓"的行为开始到抓住老鼠的过程(Langacker,1991;Langacker,2008a)。依照构成的关系成分是否同质(homogeneity)、是否有界

(boundedness)将动词区分为完成性(perfective)动词和非完成性(imperfective)动词。由于“get”涉及阶段的转化,因而属于完成性动词。也正是这个原因,“get”可以用于进行时,即(8b),但不可以用于一般现在时,即(8a)。

和“get”不同,“have”编码该模型的结果阶段(图 2.5 中的“结果”),因此(9a)表示猫抓到老鼠的结果,即老鼠一直处于猫的控制之下。由于这种结果状态持续不变,因此“have”属于非完成性动词。正因如此,“have”可用于一般现在时,即(9a),但极少用于进行时,即(9b)。和“have”一样,“hold” 也编码结果阶段。不同的是,“hold”还指猫持续不断地控制老鼠以防老鼠逃脱,因此该词还有实施作用力的一面。作用力的实施通常会有结束的时候,因此该词指一个有边界的行为,属于完成性动词,即(10a)和(10b)。

动词的概念描写有时会涉及多个执行体与控制的过程(Langacker,2002)。比如,(11a)中的“give”描写执行体从其领地传递目标,并被另一执行体控制的过程。汉语双及物动词“给”也可照此分析。同时,“给”的这一概念特征也决定了它不同的引申用法,包括它的被动用法。5.3 节将具体讨论,此处不做赘述。和“give”不同,“receive”仅描写另一执行体将这一目标纳入其“领地”的过程,因此(11b)仅表示“我”收到了“书”。

例 11:(11a)He gave me a book.

(11b)I received the book.

另一方面,控制循环模型在语法层面也有体现。比如,一些语法成分,如时体助词“了$_1$”和语气词“了$_2$”的概念差异也可以依据控制循环模型来描写(朱德熙,1982)[209-210]。比如(12b),“了$_1$”仅指发力阶段,如“吃”这一动作(action)的结束,而“了$_2$”指整个控制过程,即“吃”这一事件(occurrence)(从“开始吃苹果”直至“吃完苹果”)的完成。两者是动作层面和事件层面的差异。表现在句法上,“了$_1$”紧随动词之后,而“了$_2$”用于句末①。

① 事件的完成总是以动作的完成为前提。这意味着,“吃苹果了”含有“吃了苹果”的意思,从而在句法上出现“了$_1$”和“了$_2$”合并的现象。

例 12:(12a)# 张三吃了$_1$苹果。(Tang et al.,2000)

(12b)张三吃了$_1$苹果了$_2$。(Tang et al.,2000)

(12a)由于缺少对事件层面是否完成的说明,因而不自足(空令达,1994;Tang & Lee,2000)。第 3 章提出,汉语被动句的认知结构也可依据控制循环模型,即两个参与对象之间的控制关系来分析。

2.2.2 概念观照

通常认为,语言就像传递思想观念的“导管”。说话人将思想和观念装进词语、短语或句子等“容器”中,通过语言这一“导管”传递给听话人。听话人通过这些“容器”接收思想和观念。语言的导管隐喻假设(conduit metaphor)(Reddy,1979)影响深远。基于该隐喻,语言学得就是学习装载思想观念的“容器”(Taylor,2008)。具体来说,词汇用于观念表达,语法用于组词成句,两者结合,学习者便掌握了语言。

2.1 节提到,语言知识是一个由各式各样规约的象征单位相互关联构成的资源库(Langacker,1987;Langacker,2008a)。词汇、语法成分和句法规则的区别仅在于其抽象程度与复杂程度的差异,并无本质不同。从表面上看,每个象征结构似乎都是“容器”(语音),可以装载或大或小、或抽象或具体的内容(语义)。但是,该看法忽视了语义的认知本质,即它是人类在与世界互动过程中构建起的心理经验(Langacker,2006b)。因此,对语义的描写既涉及具有百科性质的客观情景,还涉及认知主体对这一情景内容的认知加工,即概念观照(如图 2.2)。主体和情景,即客体(object)的关系可简单描写为图 2.6。

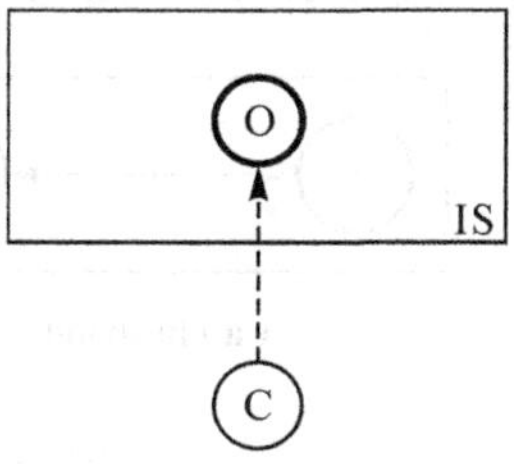

图 2.6 主体和客体的关系

图 2.6 中,圆 C 指认知主体,通常是说话人和听话人。由圆 C 到圆 O 的虚线箭头指认知主体对客体的概念观照,即通过特定的意象形式来建构客体(Langacker,1987)[128]。此时,客体,即圆 O 成为主体关注的焦点(圆 O 为

粗线),主体及其与客体的关系处于背景地位(圆 C 和虚线箭头为细线)。不难发现,图 2.6 中主体和客体呈现不对称关系。Langacker(1991)以舞台模型(onstage model)为喻来解释这种不对称。主体是观众,正在观看舞台表演。方框 IS 是舞台的表演区,称为直接辖区(immediate scope)。此时,主体位于台下,在表演区之外。客体作为演员,位于台上,在表演区之内。

由于任何客体的概念化都涉及图 2.6 所示的主体及其与客体关系的配置,因此,任何语言表达都不仅仅是传递客体内容,还传递出说话人对客体内容的特定观照方式。这包括对同一情景概念化的精细程度(specificity)与视角选取、对各个构成部分的不同凸显(prominence),以及对凸显部分的聚焦(focusing)差异等方面(Langacker,2008a)的研究。其中,凸显作为人类普遍的认知加工能力之一与本书的研究最为相关。下文主要介绍与该能力相关的认知机制。

简单而言,凸显指主体对客体的不同概念部分的关注程度(Langacker,2008a)[66]。如图 2.7 中的(a)和(b),"wife"和"husband"的语义差异在于是以"夫妻关系"中的女方(即圆♀)还是男方(即圆♂)为关注的焦点,即显影(profile)(粗线指显影)。"夫妻关系"(如双向实线箭头所示)则是显影所依赖的概念内容,称为基座(base)。不论是被显影的概念成分还是基座都是主体关注的对象,位于直接辖区(即方框 IS)之内。

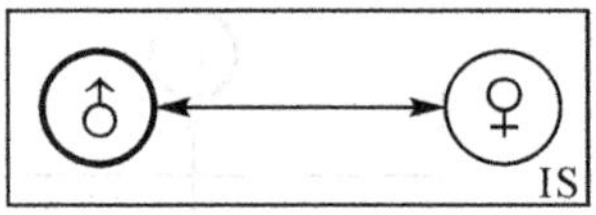

(a) husband

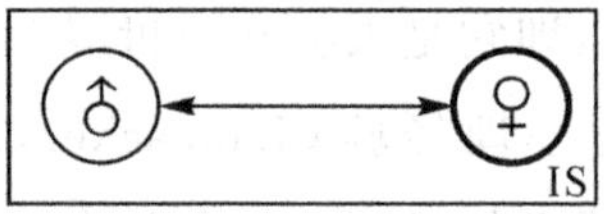

(b) wife

图 2.7 "husband"和"wife"的语义结构

再如,转喻是语言中普遍存在的现象,通常指指称对象的变化。比如例 13,她买的不是"Lakoff and Johnson"这两个人,而是他们的经典著作。这种指称对象的变化实质是显影的调节(profile shift)(Langacker,1999)。也就是说,说话人从对"Lakoff and Johnson"这两个人的显影转移至对他们撰写的著作的显影。

例 13：She bought Lakoff and Johnson，used and in paper，for just $1.50.

(Langacker，1999)[199]

由于这些著作信息属于我们理解专有名词"Lakoff and Johnson"的百科知识中的重要组成部分，因此这种认知操作可以顺利进行。反之，如果专有名词的百科知识中没有著作信息，或者著作信息不为人所知，这样的转喻用法就难以成立。比如，和(14a)不同，对于(14b)中的专有名词"Smith"，我们并不知道"Smith"有什么经典著作。

例 14：(14a) I asked my students to read Langacker，which was important for their research.(Zhang，2006)[690]

(14b) I asked my students to read Smith.(张韧，2007)[23]

以上对显影的讨论为我们定义名词和动词提供了认知基础。基于(Langacker，1987；Langacker，2008a)，这两个最为基本的词类可以通过显影方式来定义。名词(如"印刷厂")的显影由不同概念部分构成的事体(thing)，涉及人类所具有的归组(grouping)能力，即把不同的成分聚为一个整体。动词(如"调查")的显影包括从开始调查到结束的过程(process)，涉及人类所具有的次第扫描(sequential scanning)能力，即对连续的关系成分进行依次提取(access)。和次第扫描对立的是总括扫描(summary scanning)(Langacker，1987)[144-146]，它指的是把依次提取的关系(relation)成分累积为格式塔的能力。譬如，动词"look"指"看"的整个过程，而它的名物化用法，如"take a look"，尽管也指"看"的动作，但它还涉及对该动作的总括扫描并将其归组为事体的操作。

从概念观照的视角来定义词类可以自然地解释名动相互转化的现象，也为汉语"词无定类"现象提供了分析依据。比如，(15a)和(15b)中的"调查""不出版"属于动词性质，但它们在(16a)和(16b)中又具有名词性质(陆俭明，2003；任鹰，2008；沈家煊，2009)。实际上，我们可以把这类现象看作是为应对不同的表述功能而对相关概念内容进行的认知加工，从而引起显影方式，即事体或过程显影的变化。

例 15：(15a)我们正在调查事故原因。(互联网)

(15b)出版社不出版非法出版物。(互联网)

例 16：(16a)事故原因的调查。

(16b)非法出版物的不出版。

遵循这一思路，(16a)和(16b)的“调查”和“不出版”就可视为说话人对它们所涉及的不同过程关系的总括扫描与归组操作，在句法上体现为对它们的名物化。(16a)和(16b)的差异体现在操作的概念内容上。前者针对的是动词“调查”所编码的过程关系，属于词汇层面，因而会引起词类活用。后者针对的是“出版”这一过程的否定关系，即“不出版”，由于其属于短语层面，因此不会改变动词“出版”的词性。值得注意的是，和英语不同，汉语语言系统缺少曲折变化，因此这类操作一般不会通过语言成分进行编码。从跨语言的角度看，我们不应因缺少这类显性编码手段而否认其中涉及的认知机制。

动词作为过程的显影凸显随时间的发展而延续的复杂关系。介词和形容词通常显影相对简单的关系。对关系的凸显离不开与之相关的参与者。介词显影的关系包含两个主要参与者。其中，凸显程度高的参与者称为射体(trajector)，是关系显影中的主角；程度相对较低的称为界标(landmark)，属于关系显影中的配角。比如，“above”和“below”都显影两个参与者一个在上、一个在下的空间关系。其概念差异在于前者射体在上，界标在下；后者射体在下，界标在上(Langacker，2008a)[71]。和介词不同，形容词显影的关系只包含一个主要参与者。比如，形容词“快乐的”或“happy”显影某个对象与情感基准的关系，该对象充当整个关系的射体。

动词有不及物、及物和双及物之分。它们所包含的核心参与者可能是一个，也可能是两个或三个。上文提到的不及物动词“run”和“jog”一般只包含一个核心参与者，其充当射体。及物动词“调查”和“出版”一般包含两个核心参与者，即实施“调查”或“出版”的人(或机构)和“调查”或“出版”的对象，它们分别充当射体和界标。双及物动词，如“给”显影一个“给予”过程，包含实施该行为的人(或机构)、被“给予”的事物，以及接受该事物的人(或机构）。它们分别充当该过程的射体和两个界标。

基于认知语法，小句同样显影高层次的过程关系，主语和宾语是对该过程关系中主要参与者的编码，分别对应其中的射体和界标。把句子的主语和宾语视为小句层面的射体和界标主要是因为它们并不总是与动词层面的射体和界标相一致。比如，对于(17a)，动词“swarm”所描写的过程关系的射体是“bees”，即“the bees are swarming”。但是，由于整个句子的显影是由“bees swarm”造成的动态情景(Langacker，2008a)，因此它所描写的过程关系的射体，即句子主语是“the garden”。同样道理，(17b)所显影的过程关系的射体是“the streets”。该句描写教堂钟声在街上回荡的情景。

例 17：(17a) The garden swarmed with bees.(Langacker，2008a)[361]

(17b) The streets rang with church bells.(Langacker，2008a)[361]

本书研究的主要对象是被动句。1.1 节提到，该句式是一种和典型的主动句相对应的句式。比如，主动句(18a)编码一个施受互动事件，即“我打开门”，它的对应句式是(18b)。

例 18：(18a) I opened the door.(Langacker，2008a)[385]

(18b) The door was opened by me.(Langacker，2008a)[385]

对于(18a)，句子所显影的过程关系同时也是动词“open”所显影的过程关系①，“open”可看作是句子的核心动词。因此，“I”和“the door”分别充当句子层面的射体和界标，它们同时也是动词层面的施事射体和受事界标。但对于(18b)，句子所显影的过程关系与动词“open”所显影的过程关系并不一致。Langacker(1990)提出，被动结构“BeV-ed”会改变动词所显影的过程的射体或界标安排(另见第 3 章 3.3 节)。此时，施事“I”通过介词短语“by me”引入被动句，因而不再充当射体(即主语)。而受事“the door”从原先的界标提升为句子层面的射体。汉语被动句与之类似，也涉及施事凸显地位的变化。

① 此处不考虑过去时态和句子所显影的过程的关系。

例 19:(19a)网络教育逐渐被人们接受。(CCL)

(19b)师生们进出校门的路也给挡住了。(CCL)

比如,(19a)和(19b)分别是“被”和“给”引导的被动句。其中,主语“网络教育”和“师生们”分别是动词“接受”和“挡住”的作用对象,而行为的施事既可以充当被动标记的宾语,如(19a)中的“人们”,也可以省略,如(19b)。和英语被动句不同的是,汉语被动句不仅仅关系到射体和界标的安排,还关系到涉及两个参与对象的控制关系。这部分会在第 3 章具体分析。

2.2.3 概念合成

认知语法假设语言知识的基本成分是音义配对的构式或象征单位(Langacker,1987;Langacker,2008a)。这样,句法成分的组合就是对概念成分组合的编码。

例 20:Alice admires Bill.(Langacker,2008a)[210]

比如例 20,“Alice”和“Bill”分别是主语和宾语,和核心动词“admires”共同构成完整的句子。这是它们所涉及的概念成分以不同的方式进行概念合成的结果。具体来讲,概念成分之间通过对应关系(correspondence)进行交叉(conceptual overlap),从而合成为一个完整的概念结构的过程(Langacker,1987;Langacker,2008a)。如图 2.8 所示。

图 2.8 中底层左直角方框是动词“[ADMIRE]”的概念描写(英文大写指概念结构,下同),指射体(即主语)对界标(即宾语)的“称赞”关系——粗线圆 tr 通过粗虚线箭头指向粗线圆 lm。底层右方框和中间层左方框分别是专有名词“[BILL]”和“[ALICE]”的概念结构,描写称赞和被称赞的人。粗线圆指事体的显影,字母“A”和“B”分别指相应语义规定。

句子“Alice admire Bill”① 是对概念结构“[ALICE]”“[BILL]”和

① 这里不讨论第三人称单数标记“-s”的概念结构及其与句中其他成分的概念关系。

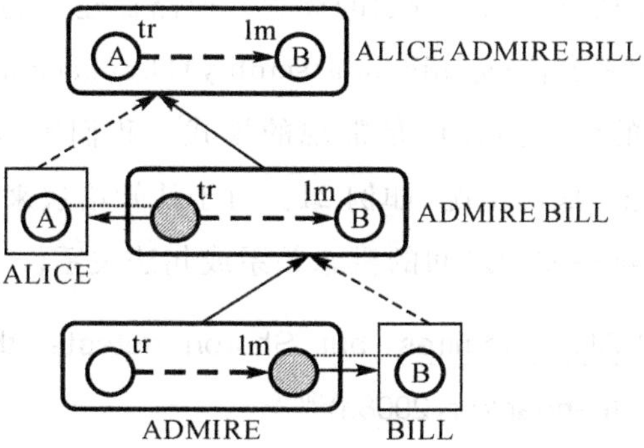

图 2.8 概念合成模式(Langacker,2008a)[210]

“[ADMIRE]”概念合成的编码。简单来说,结构“[BILL]”和“[ALICE]”分别是对结构“[ADMIRE]”中的概念成分,即界标(粗线圆 lm)和射体(粗线圆 tr)的阐释(elaboration),它们的语义规定会进行交叉,形成合成结构“(ALICE ADMIRE BILL)”,即图 2.8 中最上层圆角方框。

如图 2.8 所示,整个概念合成可分为两个步骤。首先,“[BILL]”通过与“[ADMIRE]”中界标 lm 的对应关系(连接粗线圆 lm 和粗线圆 B 的虚线)进行概念交叉。界标 lm 的概念结构相对抽象,是阐释场(elaboration site)(粗线圆 lm 的多条细斜线),会被“[BILL]”阐释。它们的关系实质是基于例示的范畴化关系(从粗线圆 lm 指向方框“BILL”的实线箭头)。

合成的结构“(ADMIRE BILL)”是动词短语,其显影可看作是继承自“[ADMIRE]”(连接二者的实线箭头),因此“[ADMIRE]”是显影的决定体(profile determinant),即中心词。这种继承关系在图 2.8 中表示为粗线直角方框和粗线圆角方框。

其次,“[ALICE]”通过与“(ADMIRE BILL)”中的射体 tr 产生对应关系(连接粗线圆 tr 和粗线圆 A 的虚线)进行概念交叉。射体 tr 会被“[ALICE]”阐释(从粗线圆 tr 指向方框“ALICE”的实线箭头),从而使之具有“A”的语义规定。合成结构“(ALICE ADMIRE BILL)”的显影继承自“(ADMIRE BILL)”,因而是显影的决定体(相应方框为粗线)。

以上是对例 20 中各成分的概念组合分析。相应的语音形式,即“[ˈ*ælɪs*]

[əd′maɪə][bɪl]”分别与图 2.8 所示的概念合成路径建立起象征关系，由此形成具有象征性质的聚合体（symbolic assembly）（Langacker，2008a）[161-167]。

当然，图 2.8 的合成路径仅是常规的模式。我们不能排除“[ALICE]”和“[ADMIRE]”先合成的情况，如例 21。对于认知语法来说，这只是合成路径的差异，并不影响各成分之间的概念关系或句法关系。

例 21：（21a）<u>Alice admires</u>，but Sharon detests，their new teacher.（Langacker，2008a）[210]

（21b）The teacher <u>Alice admires</u> speaks fluent Arabic.（Langacker，2008a）[210]

以上讨论为语义和句法上的错配现象提供了分析思路。比如例 22，“他的老师”在形式上构成“N1 的 N2”结构，但在语义上并不表示领属关系，而是表示“他当老师”。形式句法学假设它们是对同一词汇集合基于不同句法规则的操作（黄正德，2008；邓思颖，2010）。基于以上分析思路，它们实质是概念合成方式的差异。

例 22：（22a）他当老师当得好。（邓思颖，2010）[51]

（22b）<u>他的老师</u>当得好。（邓思颖，2010）[51]

简单来说，“N1 的 N2”可视为对成分结构 N1 和 N2 依次提取，并在更高的时间跨度上整合而成的结构（庞加光，2020）[32]。对（22a）和（22b）的不同语义解读实际源自它们不同的概念合成方式。对于（22a），“他”是学生。基于 2.2.1 节的讨论，对“老师”的概念描写离不开“师生关系”。因此，（22a）的定语解读是“[老师]”的基座成分和“[他]”进行概念交叉的结果，其合成结构“（他的老师）”自然体现为师生关系。

尽管这是常规的解读方式，但不是唯一方式。（22b）的伪定语解读实际是句法环境“当得好”改变了“[他]”和“[老师]”的概念合成方式（庞加光，2020）。这种概念合成依赖两种对应关系。首先，“[老师]”和“[当]”的角色射体会建立起对应关系并进行交叉，因此合成结构以“[老师]”为射体，即主语。其次，“[他]”会和“当”的经事建立起对应关系并进行交叉，因而合成的结构表示"他"而不是别人当老师。正是存在由于以上两种对应关系与概念交叉，(22b)表示"他当老师当得好"。

总之，图 2.8 只是典型的概念合成的描写。由于概念语义学假设意义在于概念化，即人类纷繁复杂的心理经验，在这一视角下的概念合成会自然呈现灵活性与复杂性。

2.3　小结

本章主要是对本书所遵循的理论框架，即认知语法的简要概述。作为认知语言学范式下最有影响的句法理论，认知语法对语言知识的心理模拟主要遵循两大思路：第一，语言知识的基础成分是构式或象征单位（即构式观）；第二，语言表达的意义在于概念化，是认知主体对具有百科知识性质的情景内容的概念观照。

2.1 节对构式（或象征单位）进行了简要讨论。构式是固化在使用者心智内并被其语言社群所接受的语音结构和语义结构的配对，源自人们在日常生活中语言经验的学得。这个过程是一个音义片段的去语境化和固化的过程。这也意味着，源于语言经验的构式会构成一个庞大的网络。在这个网络中，不同类型的构式（动词、虚词、语法构式等）会以不同方式通过范畴化关系相互联结在一起。换言之，这是一个对语言知识的自下而上的网络模拟思路，并不存在一个专门处理语言理解和产出的认知机制。语言能力实际是人类一般认知能力的一部分。

2.2 节是对概念语义学的简述。任何知识都可能随相关表达的使用而成为其语义描写的一部分。同时，语言表达的意义还在于语言使用者对这块知识的认知加工方式，即概念观照，包括对其进行精细程度上的安排，让哪些概念成分成为焦点并对其中的某些成分进行凸显，以及从哪个视角对这些概念成分进行"观察"。同时，认知语法提出，形式层面的句法组合是对概念结构组合的编码。概念结构的组合指概念成分之间通过对应关系进行概念交叉，合成为一个完整的概念结构的过程。而且，这样的概念合成过程并非简单的空位填补，而是具有相当的复杂性和灵活性。另外，和汉语被动句密切相关的认知模型是控制循环模型。该模型从时间发展和动力学两个维度揭示了事物之间的互动关系。

本章为后面章节中对汉语被动句及被动语态本质的分析提供了理论基础。之后的章节将具体分析汉语被动句（直接和间接被动句、创新被动句）的认知基础及论元实现，并讨论被动语态的认知本质。同时，也将分析“给”字被动句的认知动因，以及“被”“把”同现现象的概念合成等句法问题。

第3章 被动句的认知基础与论元实现

第1章中提到,汉语被动句的主要句法特点是论元实现的多样性。如何对这一现象做出统一的解释机制一直存在争议。本章在认知语法的框架下,从控制循环模型出发考察其认知机制,探讨被动句的论元实现,并比较汉英被动句的异同。核心观点有三:第一,被动句的认知基础可概括为目标射体被执行体控制的状态,即控制构型,这也构成了被动构式抽象的语义描写。第二,由动词等成分编码的情景事件会以不同方式和这一构型进行协调,从而构造出不同被动格式的论元实现。第三,被动语态的功能可视为施事的去焦点化。汉英被动句是汉英两种语言用于实现这一概念功能的两种不同的编码策略。

本章共分为4节。3.1节主要讨论被动句的认知基础。以此为依据,3.2节具体分析直接被动句、间接被动句等不同格式的论元实现。3.3节简要讨论汉英被动句的异同,以及它们与被动语态的关系。3.4节是本章小结。

3.1 被动句的认知基础

1.2节提到,汉语被动句具有不同的句法格式。比如例1和例2,它们分别属于直接被动句和间接被动句。这些不同的被动格式是否具有统一的认知基础?或者说,应该如何描写汉语被动句这一抽象的语法构式的概念结构?我们又应该怎么看待被动标记"被"?

例1:(1a)饺子被吃掉了。(短被动句)(Li et al.,1989)[493]

(1b)饺子被狗吃掉了。(长被动句)(Li et al.,1989)[493]

例 2：（2a）张三被杀了父亲。（关涉被动句）（徐杰，1999）[17]

（2b）我又被他自摸了。（非关涉被动句）（Huang et al.，2009）[140]

本章将从汉语被动句的句法语义特点出发，提出其认知基础是执行体对目标对象的控制关系，即控制构型（control pattern）。这也构成了我们对汉语被动句的概念描写。被动标记“被”可被视为抽象的语法构式，具有半抽象的句法格式，即“NP1 被（NP2） V （NP3）”，并不能简单地将其归为动词或介词。这里首先会从历时演变的角度来考察“被”和控制循环模型的关系。

3.1.1 “被”的历时演变

对汉语被动句的句法或语义特征的分析离不开其中的被动标记“被”，而“被”用于引导被动句又与该词的历时演变有关。一般认为，“被”原本是一个表示“遭受”或“蒙受”的动词。“被 N”格式在先秦时期已有使用，如“吾其被发左衽矣”（《论语》），“民不被其泽”（《孟子》）（杨延宁，2020）。到了两汉时期，汉语被动句逐步成型。杨延宁（2020）[208]将这一过程概括为三个阶段。第一阶段是“被 V”格式，出现于两汉时期，如“行直而被刑”（《淮南子》）。由于在这一阶段，“被 N”和“被 V”同时出现，且动名兼类非常普遍，因而它们在“被”字格式中到底是“N”还“V”不易判定（杨延宁，2020）[312]。第二个阶段是“被 N V”格式，出现于魏晋南北朝时期，如“被苏峻害”（《世说新语》）。第三个阶段是“被 N V XP”格式（XP 指补足语），出现于唐五代，如“太子被人刺双目”（《敦煌变文集》）。基于前人研究，冯胜利（2001）[32]将“被”字格式的演变细化为如下六个阶段。

第一阶段	春秋	被 NP	万民被其利（《墨子·尚贤》）
第二阶段	战国	被 N/V	知友被辱（《韩非子·五蠹》）
第三阶段	战国	被 V 于 NP	被围于赵（《战国策》）
第四阶段	西汉	被 V V	被刑戮（《史记》）
第五阶段	东汉	被 Adv V	横被暴诛（《吴越春秋·阖闾内传》）
第六阶段	东汉	被 NP V	臣被尚书召问（蔡邕《被收时表》）

尽管以上研究对不同被动格式出现的时期有不同看法，但"被"从实义动词发展为被动标记的路径大体来说是一致的。这一路径有两个关键的发展值得格外留意：一个是从"被 N"发展为"被 V"(或"被 V V""被 adv V")，另一个是从"被 V"发展为"被 NP V"(或"被 N V XP")。我们认为，正是这两个演变阶段确立了汉语"被"作为被动标记的地位。

第一个发展是"被"所接的成分从名词演变为动词。上文提到，"被"是一个表示"遭受"或"蒙受"的实义动词。这样的话，可将"被 N"视为一个"蒙受"事件，即"某人/物蒙受某物"。比如，"万民被其利"(《墨子·尚贤》)指"百姓从中受到好处"。因此，"被 N"是一个单事件结构。而对于"被 V"或"被 adv V"，由于动词"V"或动词短语"Adv V"也编码一个事件，因此，这一格式属于双事件结构，和连动结构类似。比如"先人无罪、横被暴诛"(《吴越春秋·阖闾内传》)，由于"被"被副词"横"修饰，因此"被"仍可被视为编码了"遭受"事件。"暴诛"编码事件"杀害"，可视为由"被"编码的"遭受"事件的致因(stimulus)，"被"的主语(即"先人")则是"遭受"事件的历事(experiencer)。

值得注意的是，作为历事，"被"的主语"先人"同时也是致因事件的核心参与者，即受事。这和"万民被其利"完全不同。这种历事-致因关系已包含了说话人对"暴诛"这一事件中的参与者的认识。我们认为，"被"的这种双事件结构为其进一步语法化提供了基础。基于认知语法(Langacker，1991)，这一语法化过程可理解为"被"的主观化。这具体表现为"遭受"事件经语义上的"漂白"(bleaching)逐步从作为客体的事件发展成为说话人的主观判断，即从"台上"转变为"台下"。同时，这也导致原先的双事件结构再次演变为单事件结构。比如，"汉高祖被围七日"(《水经注》)仅指"围困汉高祖七日"这一事件。由"被"编码的历事-致因关系则转变为说话人用于识解"围困汉高祖七日"的方式，而不再是呈现于"舞台表演区"的客体(见2.2.2节)。

第二个发展阶段是"被 NP VP"格式的演变，即可以引入施事"被"(王力，1980；石毓智，2005)。通常认为，施事的引入是向现代汉语被动式发展的重要阶段(王力，1980；杨延宁，2020等)。实际上，施事短语的引入意味着致因事件独立性的进一步加强,"被"所表达的事件意义进一步弱化甚至消失。比如"臣被尚书召问"(蔡邕《被收时表》),"尚书召问(臣)"是一个核心参与者具足的事件,其中的"被"也难以被解读为"遭受"或"蒙受"。

更重要的是,这一演变使得施事("尚书")和受事("臣")的执行体-目标关系得以确立。2.2.1.1 节提到,控制循环模型是我们对事物互动体验的理想化认知模型。此时,"尚书"不仅仅是"召问"事件的实施者,还是实施控制的执行体。"臣"不仅仅是"召问"的受事,还是被控制的目标对象。"尚书"通过"召问"事件达成了对"臣"的控制。可以说,"被"的这种用法奠定了现代汉语被动句的基础。而且,1.1 节提到,东南亚国家的语言的被动标记通常也来自表示"遭受"等相近意义的动词。这也说明,汉语被动标记"被"的语法化具有跨语言上的共通性。

3.1.2 "被"的语义特征

前面提到,"被"从编码"蒙受"事件的动词演变为凸显执行体-目标关系的语法成分。我们进一步提出,汉语被动句的认知基础可通过控制循环模型的结果阶段中执行体对目标的控制关系[如图 2.5(d)]进行描写。本节将从控制关系、执行体、控制目标及其结果状态等在被动句各成分中的体现分别讨论。

首先,和汉语其他句式不同,被动句凸显主语和"被"所接宾语之间的控制关系。比较(3a)和(3b)发现,尽管它们都表示"花瓶碎了",但(3b)还凸显这是某个人(或物)操控的结果。同样,如例 4 所示,作为新兴的被动格式,"被自愿购买"和"自愿购买"的概念差异在于,"被自愿购买"指"家长"购买是人为操控或强迫的事件,而不是自愿的行为。

例 3:(3a)花瓶打碎了。(互联网)

(3b)花瓶<u>被</u>打碎了。(互联网)

例 4:(4a)家长自愿购买校通信服务。

(4b)家长<u>被</u>自愿购买校通信服务。(互联网)

张伯江(2001)及 Fan 和 Kuno(2013)等将被动句概括为主语受动者受到某种影响。比如,(5a)和(5a')的合法性差异在于,知道名字不会对他人造成影响,而知道密码则意味着他人隐私的丧失。同理,对于(5b)和(5b'),猫看到纸条不会影响到任何人,而老师看到纸条则可能导致作弊者受到惩罚。

例 5:(5a)你的密码被我知道了。(张伯江,2001)[522]

(5a')*你的名字被我知道了。(张伯江,2001)[522]

(5b)他的纸条被老师看见了。(张伯江,2001)[522]

(5b')*他的纸条被房上的猫看见了。(张伯江,2001)[522]

问题是,(6a)和(6b)分别是和(5a)与(5b)对应的主动句和话题句,同样表示"你"或"你的密码""他"或"他的纸条"受到某种直接或间接的影响。

例 6:(6a)我知道了你的密码。　　(6a')你的密码我知道了。

(6b)老师看见了他的纸条。　　(6b')他的纸条老师看见了。

实际上,张伯江(2001)混淆了由被动句编码的情景事件和被动句式自身的概念意义。它们分属两个不同的层面。对此,后面会做具体讨论。影响假设实质是将情景事件的特点归结到被动句式中去。

本节假设,被动句与主动句及话题句的根本区别在于,后者并不凸显控制关系。简单来说,(5a)和(5b)指"我"与"老师"分别在心理和感知层面将"密码"和"纸条"纳入领地进行控制。因此,后面会讨论,"我"和"老师"不仅是"知者"和"见者",还是对所知或所见之物进行控制的执行体。而(5a')的不合法处在于,熟人或朋友(而不是敌人)了解对方的名字不会涉及控制问题。(5b')中,猫看到纸条(而不是鱼或老鼠)也是如此。

"被"所接宾语是控制的执行体,因而表现出和其他语言被动句的三点不同。第一,该论元不一定是动词的施事,这与英语被动句不同。比较例 7 和例 8,"被"的宾语既可以是"警察",也可以是"李四"。而英语被动句只能是动词的施事"the police"实现为"by"的宾语。实际上,(7a)和(7b)成立的原因在于,前者是"警察"对"张三"的直接控制,后者是"李四"以"警察"为中介实现了对"张三"的控制。

例 7:(7a)张三被李四派的警察抓走了。

(7b)张三被李四派警察抓走了。(Her,2009)[424]

例 8:John was arrested by the police sent by Lee.(Her,2009)[424]

比较(9a)和(9b)发现,汉语施事常为泛称“人”(或“人们”),删掉后语义基本不变。这又不同于英语被动句(Xiao et al.,2006)。实际上,尽管施事“人”不具有信息性,但它与“被”结合,表达出“我”通过“骗”成为他人的控制目标,即被操控的对象。对于汉英被动句的异同,我们会在3.3节具体讨论。

例 9:(9a)我又被人骗了。(CCL)

(9b)# I was cheated by a person again.

汉语被动句允许第一人称代词“我”充当“被”的宾语,如例10。这不符合话题性等级①,而且很多亚非语言也难以造出这类以第一人称代词为间接格状语的被动句(杉村博文,2016)。基于本节分析,尽管“我”实现为宾语,但它是对他人或物实施控制的主体。以“我”为中心来认识并控制外物是人类的基本体验(王寅,2005)。

例 10:(10a)十天也就被我终于数过去了。(CCL)

(10b)本来我们科的小张……后来被我批评了几次,改了。(CCL)

汉语被动句的主语是控制目标,即控制力的所指对象,因而并不一定与动词编码的动作作用对象一致。这实质是汉语构造出间接被动句的认知动因。以(2b)和例11为例,它们均涉及社会权益层面的控制。前者是打麻将的输赢互动,“我”因输牌而成为控制目标(参见3.2.2节);后者是社会秩序的维护与破坏的对立,“跑”实际指逃出警察的控制,从而导致执行体和目标的身份转换。

① 话题性等级指主动句中担任主宾语的名词成分的先后排序,依次为:第一、第二、第三人称代词、专有名词、指人普通名词、有生命普通名词、无生命普通名词(杉村博文,2016)。

例 11：美国警察追逃犯，最后竟然被他跑了。(互联网)

如果该分析正确，目标的状态就是控制实现的结果。这意味着该状态必须源自执行体和其作用力。比较(12a)和(12b)，"喂胖"和"喂饱"分别以"胖"与"饱"为结果补语，而且均指向受事主语"娃娃"，即(12a')和(12b')，但是(12b)不合法。

例 12：(12a)娃娃被牛奶喂胖了。　　(12a')娃娃胖了。

(12b)*娃娃被牛奶喂饱了。　　(12b')娃娃饱了。

2.2.1 节提到，认知语义学采取百科知识观描写意义(Langacker，2008a)。"牛奶"有营养是其概念描写的一部分。又由于胖瘦与食物的营养有关，因此"胖"的状态可看作是通过喂"牛奶"而将"娃娃"纳入控制的结果。但是，饥饱与食物的多少有关，因此"饱"的状态主要是喂"多少"而不是喂"牛奶"的结果。

同时，这也意味着目标对象的状态变化必须足以让执行体将其纳入控制或再控制，如例 13。遵循影响假设，曹道根(2009)[9]认为，(13a)和(13b)不合法是因为"信"和"墙"在动作实施前并不存在，因而不能说是经历了状态变化的受影响者。但是，该观点无法解释(13a')和(16b')。实际上(13a)和(13b)中的"信"和"墙"在动作实施时刻甚至之前(如构思如何写"信"或砌"墙"时)就已被"他"纳入控制领地。(13a')和(13b')恰恰是"他"通过"写"和"砌"将不在自己控制之下的"信"和"墙"纳入控制。

例 13：(13a)*信被他写了。(曹道根，2009)[9]

(13a')张三写的信被他写了。

(13b)*墙被他砌了。(曹道根，2009)[9]

(13b')李四家的墙被他砌了。

最后需要补充的是，以上对汉语被动句的认知假设并非指控制循环的发力阶段，而是指其结果阶段。比如，(14a)表示"踢球"的动作正在进行，但相应的被动句，(14b)不合法。这自然地解释了(15a)和(15b)的合法性差异。

例 14:(14a)一群五六岁的孩子正在踢球。(CCL)

(14b)*球正在被一群五六岁的孩子踢。

例 15:(15a)他骗了我,可是我没有上当。(张伯江,2001)[520]

(15b)*我被他骗了,可是我没有上当。(张伯江,2001)[520]

前文提到,控制循环模型的各阶段是人们对事件发生、发展及结束过程的抽象认知。后一阶段的实现以前一阶段的完成为先决条件。(15b)不合法是因为,"我被他骗了"以"骗"的实现为前提,因而与"我没有上当"相矛盾。

综上所述,汉语被动句的认知基础可分析为控制循环的结果阶段,涉及目标对象与执行体之间的控制关系。3.1.3 节将以概念语义学为框架给出其具体的概念描写。

3.1.3 被动句的认知基础

2.1.2 节提到,认知语法把句法结构看作是对情景事件的编码,不同的编码方式反映不同的认知加工手段,即概念观照。被动句的认知基础可以处理这样的观照模式,可以通过认知加工手段进行描写。结合这些认知手段,本节对被动句的认知假设可被描写为以控制循环模型,特别是发力阶段为基座对结果阶段的显影。具体描写如图 3.1 所示。

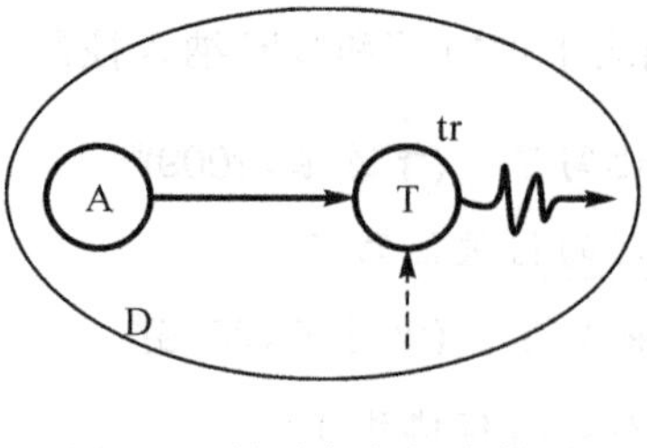

图 3.1 被动句的概念描写

图 3.1 描写执行体 A 通过施展控制的作用力(即控制力)将目标参与者 T 纳入其领地 D 的结果状态,即在椭圆 D 内圆 A 通过实线箭头指向圆 T。实线箭头指实施控制的作用力,指向圆 T 的虚线箭头指其被纳入领地 D 之

内,连接它的折线则指其结果状态。我们称其为控制构型。

此时,从执行体 A 到目标 T 的控制关系均被显影(即相应粗线),并且以目标参与者 T 为射体 tr。和主动句相比,被动句不论在使用频率还是形式上都属于有标记的句式(王力,1980;Xiao et al.,2006)。

3.1.1 节提到,“被 V”格式发展出“被 NPV”格式是“被”语法化为被动标记的关键步骤。在概念上,施事的引入与相应格式的广泛运用为施受之间控制关系的确立奠定了基础。简单来说,“被”所接论元从施事抽象为控制的执行体,而主语论元则从遭受某事件的对象中进行抽象处理,成为被控制的目标。比较(16a)和(16b),尽管它们都描写“打破杯子”这一事件(王家年,2008),但是,(16b)还凸显出作为执行体的施事与目标“杯子”的控制关系,即将其从“幕后”推至“台前”。

例 16:(16a)杯子打破了。(王家年,2008)[45]

(16b)杯子被打破了。

1.1 节提到,东南亚国家的语言(如泰语、马来语等)的被动标记多来自表示“经历”或“接触”的动词。基于以上讨论,它们的语法化结果也隐含了图 3.1 所示执行体对目标对象的控制关系。同时,这也造成这类被动句呈现出“不如意”或“消极”意义。但是,作为现代汉语被动句的典型句式,“被”字句则进一步语法化,不仅可用于表达消极意义,也可以表达积极意义。

另外,图 3.1 所示控制构型也将汉语被动句同其他句式区分开来。比较例 17 中各句,它们都是对同一情景事件,即“我削苹果皮”的编码,区别在于对该事件中所蕴含的控制关系与其参与者的凸显程度的差异。

例 17:(17a)这个苹果被(我)削了皮。(被动句)

(17b)我削了这个苹果的皮。(主动句)

(17c)我把这个苹果削了皮。(把字句)

(17d)这个苹果削了皮。(领主属宾句)

简单来说,(17a)凸显作为执行体的施事,即“我”与目标“这个苹果”的控制关系。而且,“这个苹果”作为控制目标成为认知主体,编码整个事件的出发点,即射体。

与之不同,(17b)和(17d)仅是以能量传输的路径为依据对这一事件进行的编码,并未凸显参与者之间的控制关系。简单来说,(17a)以施事"我"为起点,以受事"这个苹果"的状态变化(即"苹果的皮削掉了")为终点对整个事件进行编码。而(17b)仅是对受事"这个苹果"状态变化的编码。

把字句[即(17c)]和被动句[即(17a)]均是对事件参与者之间控制关系的凸显。它们的差异仅在于,(17c)以控制的执行体,即施事"我"为射体,凸显其对目标受事"这个苹果"的操控。对于把字句的概念结构,我们会在5.4节讨论。

最后,本节就"被"的句法性质进行说明。1.2节提到,形式句法学通常将"被"处理为动词、介词抑或是多重身份,并借此来构造被动句的不同格式或论元实现(邓思颖,2004;邓思颖,2008;石定栩 等,2005;Peltomaa,2006;Huang et al.,2009;Her,2009;Liu,2016)。但是,单一性质假设往往难以概括"被"的句法语义特征,而多个性质的假设又会导致概括性的丧失。

我们认为,由于"被"在使用时,如"被打破""被自摸"等,都蕴含两个参与者即执行体和目标对象的控制关系,因此,"被"并不是传统意义上的动词或介词,而是抽象的语法构式。在形式上,"被"指半抽象的句法格式——"NP1 被(NP2)V(NP3)",和英语"WAY"构式(如"Frank *dug his way* out of the prison.")类似。在概念上,该构式可描写为图3.1所示控制构型,即目标射体被执行体纳入控制的结果状态。基于该构型,3.2节将具体讨论不同被动格式的论元实现。

3.2 被动句不同格式的论元实现

3.1节提到,汉语被动句具有不同的句法格式,如例1和例2,重述例句如下。

例 1:(1a)饺子被吃掉了。(短被动句)(Li et al.,1989)[493]

(1b)饺子被狗吃掉了。(长被动句)(Li et al.,1989)[493]

例 2：(2a)张三被杀了父亲。(关涉被动句)(徐杰，1999)[17]

(2b)我又被他自摸了。(非关涉被动句)(Huang et al.，2009)[140]

被动句不同格式的句法论元是如何实现的？具体来说，例 1 是直接被动句，主语“饺子”是动词“吃”的受事。(1a)中的“被”没有带施事短语，属于短被动句。(1b)中的“被”带施事短语“狗”，属于长被动句。这类格式涉及“减元”问题，即短被动句的事件结构是否不存在施事这一论元。例 2 是间接被动句。它的句法特点是，主语和动词之间不存在语义上的选择关系。其中，(2a)属于关涉被动句，主语“张三”是保留宾语“父亲”的领有者。(2b)属于非关涉被动句，不存在这样的领属关系。这类格式涉及“增元”问题，即既然“张三”“我”并不是动词的受事，它们何以可能实现为主语。

我们提出，这实际是图 3.1 所示控制构型对具体事件经验进行认知加工的结果，可概括为如下协调原则：由动词等相关成分编码或激活的事件及相关参与者必须与控制构型相协调。

这一原则实际将被动句的使用处理为两个层面：一个层面涉及目标概念，即与动词相关的情景事件经验；另一个涉及观照模式，即由“被”表征的控制构型。协调原则实质是控制构型对情景事件的认知加工，即范畴化，体现了认知在事件概念化中的主导地位(Langacker，2008a；张韧，2012)。

从动词编码的事件看，它们既可能涉及事物之间的行为互动，如例 1，以及感知认识，如(5b)；也可能是社会权益关系，如(2b)；或心理认知，如(5a)。因此，它们与控制构型的协调会构成执行体在物理、感知、社会或心理层面上对目标的控制。这里重述例 5 如下。

例 5：(5a)你的密码被我知道了。(张伯江，2001)[522]

(5b)他的纸条被老师看见了。(张伯江，2001)[522]

同样，不同的被动格式也是协调原则运作的结果。依据 2.2.3 节对于概念合成的分析，这种协调可看作是事件中的概念成分以不同方式和控制构型，建立起对应关系，并进行概念交叉，从而整合而成不同格式的论元实现。

3.2.1 长直接被动句和短直接被动句

典型被动句涉及施受互动，如(1b)。其中，施事("狗")、动作及结果("吃掉")、受事("饺子")分别与执行体、控制力及实施结果、控制目标存在自然的协调关系，如图3.2所示。

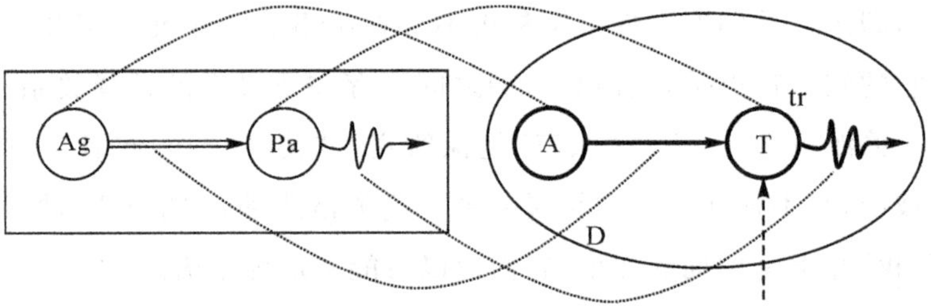

图3.2 直接被动句与控制构型的协调

图3.2中，左方框为"吃掉"等成分编码的事件描写，即施事通过动作"吃"导致受事的状态变化(圆Ag通过双实线箭头指向圆Pa)。双实线箭头指施受之间的动力学关系(Talmy,2000)，由此导致了受事的状态变化(即折线箭头)。连接左方框和右椭圆的多条虚线指这些概念成分和控制构型的对应关系。其结果是，这些成分与控制构型进行概念交叉(Langacker,2008a)，从而形成以受事为射体tr的被动格式。此时，"饺子"既是"吃"的受事，也是"狗"控制的目标射体(圆Pa和圆T的虚线连接)；而"被"所接论元"狗"既是"吃"的施事，也是控制的执行体(圆Ag和圆A的虚线连接)。

短直接被动句，如(1a)，也是施受互动与控制构型相协调的结果，如图3.2。它和对应长被动句的区别在于作为执行体的施事"狗"是否被编码，从而导致其明确性与凸显程度的差异(Langacker,2008a)[54]。刘云(2006)发现，"被"所接宾语既有必须出现也有必须隐去的情况，这受到句法、语义或语用因素的影响。比如，(18a)中的宾语必须出现，而(18b)无法补出宾语。

例 18：(18a)(全国马拉松锦标赛)男子组冠军被埃塞俄比亚选手纳古西耶夺得，而女子组冠军则被中国选手周春秀摘取。(刘云，2006)[207]

(18b)昔日欢快庆功的奥斯卡被笼罩在浓重的战争阴影之下。(刘云，2006)[209]

在基于使用的视角下，被动句的论元实现是其如何使用的问题，必然会受到句法、语义或语用因素的影响。简单来说，(18a)中“被”的宾语论元属于信息焦点。对于(18b)，实施控制的执行体实际是“浓重的战争阴影”，而它又与控制领地重合。

但是，Huang、Li 和 Li(2009)提出这两种句式还存在句法行为上的差异，比较(19a)和(19b)。他们据此假设，两句式涉及不同的句法推导规则。曹道根(2009)进一步假设长被动句与对应的短被动句并不共享同一事件结构。证据是，如果短被动句不允许在“被”和主动词之间插入全句地点状语，长被动句理应也不允许，即(20a)。但(20b)说明这并不成立。

例 19：(19a)那封信被我叫李四请王五托他妹妹寄走了。(Huang et al.，2009)[132]

(19b)*那封信被叫李四请王五托他妹妹寄走了。(Huang et al.，2009)[132]

例 20：(20a)*李四被在街上打了一顿。(曹道根，2009)[2]

(20b)李四被张三在街上打了一顿。(曹道根，2009)[2]

事实上，这些证据恰恰证明了图 3.2 所示的协调分析(Langacker，2012；Langacker，2014)。把组词成句看作是一个动态提取和激活(access and activation)的过程。语音层面各成分的先后顺序编码对应概念结构的先后激活与其概念合成，从而在不同层面上形成概念分组。

3.1.3 节将“被”视为提取控制构型(即图 3.1)的显性语言成分。作为抽象的认知结构，该构型需要具体的概念成分来阐释。因此，“被”既可以与动词成分直接搭配构成“被 VP”格式，如“被打”“被擒”，也可以与名词成分直接搭配构成“被 NP”格式如“被人”或“被我”。前者是动词成分编码的动作行为对控制的执行体与目标之间的作用力进行的阐释；后者是名词成分编码的人或物对控制的执行体进行的阐释。不论是作用力还是执行体，它们都是控制构型中被显影的核心构件。其结果是，“被”分别和 VP、NP 在更高层面上形成概念分组。但是，如果“被”和全句地点状语直接搭配，即“被 PP”，这种阐释方式难以实现，无法形成概念分组。因此，(20a)中插入“在街上”难以接受。

在例 19 中，“我叫李四请王五托他妹妹寄走信”涉及从“我”依次到“李四”“王五”“他妹妹”“信”的连续致使动作，形成一条动作链(action chain)(Langacker，1991)[283]。因此，(19b)不合法的原因是，对控制作用力的阐释(即达成“我”对“信”的控制)只能借助整条动作链，但对如此长的动作链，缺少发起者，即致事(causer)“我”，这样给整个链条的依次激活带来困难。比较例(19b)和例 21。

例 21：(21a)我刚走进公园，就被派警察请进了派出所。(Her，2009)[431]

(21b)通道都已经被派兵把守。(Her，2009)[431]

基于以上讨论，长直接被动句和短直接被动句具有一致的认知基础，即图 3.1 所示的控制构型。而且，由于其动词及相关成分编码的动作行为与其参与者和控制构型存在自然的协调，因而直接被动句也常被看作是被动句的典型成员。

当然，3.2 节开头提到，编码感知认识等方面的动词成分也可以进入被动句，如(5a)和(5b)。由于它们涉及感知、心理等层面的控制，因而限制较多，不再展开。3.2.2 节将讨论这种自然的协调被打破的情况。

3.2.2 间接被动句

间接被动句分为关涉和非关涉被动句两类。本节首先讨论非关涉被动句。基于 3.1.2 节的讨论，(2b)涉及社会权益层面的控制，例句重述如下。

例(2)：(2b)我又被他自摸了。(Huang et al.，2009)[140]

问题是，主语“我”和动词“自摸”之间并不存在语义选择关系。实际上，动词的概念描写以事件框架(event frame)为基座(Fillmore，2006)，常涉及多个参与者不同形式的互动关系。因此，和图 3.1 控制构型相协调的还可能是这一事件框架。

再如(2b),动词“自摸”的事件框架是四人打麻将(即图 3.3 中左方框内圆 P1 - P4)。它们相互之间存在输赢互动(连接圆 P1、P2、P3、P4 的双向箭头),特别是一方赢牌通常意味着其他三方输牌(如连接圆 P2 的折线箭头)。“自摸”实际指一方通过自己抓牌而赢牌(即圆 P1 的单向粗线箭头)。

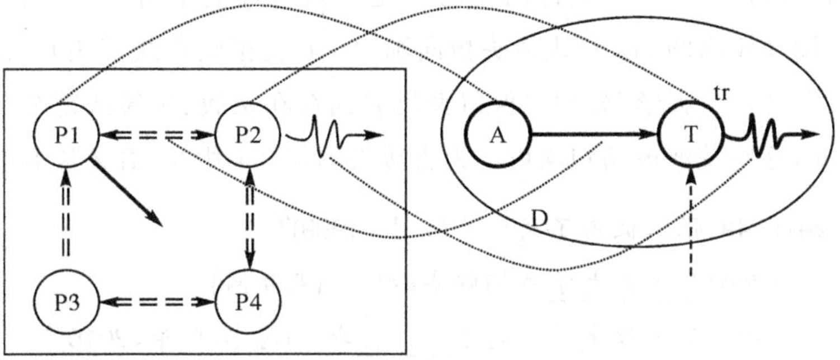

图 3.3 非关涉被动句与控制构型的协调

这样,和控制构型相协调的事件实际是四方的输赢互动(连接各圆和箭头的四条虚线)。具体是,自摸方和输牌方(即圆 P1、P2)可分别与执行体及其控制目标(右椭圆内圆 A、圆 T)进行概念交叉;输赢互动及输牌状态(连接圆 P1、圆 P2 的双向箭头和折线箭头)则分别会与控制力和控制目标的结果状态(右椭圆内粗线箭头与折线箭头)进行概念交叉。

间接被动句和直接被动句(如图 3.2)的不同之处在于:一、主语“我”不再是“自摸”的直接作用对象,而是事件框架内的参与者;二、和控制力建立对应关系的不再是动词成分编码的动作“自摸”,而是麻将框架中各方的权益作用,特别是输赢互动。因此,在麻将情景下,“自摸”还可能被“赢”“胜”“赚”等动词代替,如例 22。

例 22:我又被他<u>赢/胜/赚</u>了。

据此可推断,图 3.3 所示协调关系和动词是否接宾语无关,如例 23。马志刚、田启林(2015)提出,例 23 成立的依据是“将军”和“击出全垒打”属于程式性语言。实际上,它们和“自摸”一样,都会和“被”所接论元构成完整的动作行为，如“他将军”或“王五击出全垒打”。

例 23：(23a)他被人家将了一军。(马志刚 等，2015)[9]

(23b)李四被王五击出了一记全垒打。(Huang et al.，2009)[148]

这一思路也为分析关涉被动句，如(24a)、(24b)、(24c)及(24d)提供了依据。其语义特点是，保留宾语所指对象是被施事直接作用且发生状态变化的受事(图 3.4 内圆 Ag 双线箭头指向圆 Pa/T 及相应折线箭头)。而且，主语“张三”“×××大学”分别与保留宾语名词存在亲属、领属或部分-整体关系。因此，这些关涉被动句均可改为直接被动句，即例 25，语义基本不变。

例 24：(24a)张三被杀了父亲。(徐杰，1999)[17]

(24b)×××大学被摘牌实验室。(互联网)

(24c)张三被土匪抢走了三件行李。(马志刚 等，2015)[12]

(24d)张三被李四打断了一条腿。(马志刚 等，2015)[9]

例 25：(25a)张三的父亲被杀了。

(25b)×××大学的实验室被摘牌了。

(25c)张三的三件行李被土匪抢走了。

(25d)张三的一条腿被李四打断了。

这里问题有二：第一，主语，即“张三”和“×××大学”何以可能被纳入领地成为目标对象？第二，关涉被动句与相应直接被动句的概念描写有何差异？

实际上，这些宾语名词，如“父亲”“实验室”“行李”“腿”均可分析为一价名词①。它们尽管指称某个事物，同时还隐含与另一事物的依存关系(袁毓

① 既然关涉被动句中受事宾语和主语存在领属关系，我们可否将这一关系视为句法限制条件(即“NP1 的 NP3”)，从而解释不同语言对间接被动句的允准差异？基于本章分析，仅这一句法限制条件难以保证汉语关涉被动句的合法性。比较下面(i)中的 b 句和(24a)，“打伤儿子”固然会影响到“张三”，但并不足以使“张三”实现为控制目标，这还与作用力本身有关(见图 3.4)。

(i)a. 张三的儿子被打伤了。　　b. * 张三被打伤了儿子。

同时，考虑到间接被动句的复杂性，仅该句法限制条件既无法对间接被动句作出统一分析，也难以解释汉英被动句的句法差异(另见 3.3 节)。

林,1994)。比如,“父亲”和“实验室”离不开其子女或所在单位,“行李”与“腿”总是属于某个人或物,但是基于认知语法(Langacker,1991;Langacker,2008a),这类依存关系可抽象为认知参照点关系。因此,这些名词在概念上可被视为以两事物(即参照点和目标)及其提取关系为基座(图 3.4 椭圆 D 内圆 R 通过虚线箭头指向圆 Pa/T),对目标物的显影(圆 Pa/T 的粗线)。

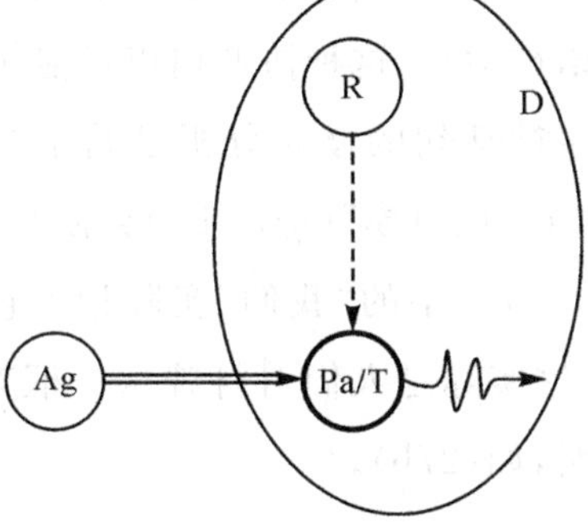

图 3.4　关涉被动句保留宾语的概念结构

这样的话,(24a)、(24c)和(24d)中的主语“张三”和(24b)的主语“×××大学”就可看作是通过参照点-目标关系被引入到整个事件中,并纳入控制的参与者,即目标射体(从圆 Ag 经圆 Pa/T 至圆 R)。对于直接被动句,如例 25 中各句,尽管同样以图 3.4 为基座,但它们以受事为目标射体,所以“张三”和“×××大学”处于背景地位。

3.2.1 节和本节对被动句各句式的概念分析凸显了控制构型的决定作用。但是,汉语中还存在一类特殊的间接被动句,如(26a)。这类句子似乎是上述分析的反例。

例 26:(26a)被他这一句话害死了两条人命。(陆俭明,2006)[222]

(26b)*张三被他这一句话害死了两条人命。

(26a)的句法特点是难以补出主语,如“张三”,因而可称为零主语被动句(叶建军,2014)。由于删除“被”后(26a)仍是完整句子,因此王力(1980)提出该句式没有被动意味,“被”仅表示不幸的遭遇。

叶建军(2014)提出,(26a)源自省略主语的被动句“(两条人命)被他这一句话害死了”和主动句“他这一句话害死了两条人命”的糅合。问题是,前者并非不存在主语论元,即“两条人命”,可糅合的结果,即(26a),却是难以补出主语。

基于上文讨论,被动句各句式实质是相关事件经验与控制构型相协调的结果。其主语论元实际是事件参与者与控制目标相协调的句法实现。同样的问题是,对于零主语被动句,这种协调何以可能实现?

实际上,本节对间接被动句的概念分析已暗示“零主语”与控制构型相协调的可能性。如图3.4,“他自摸”(即圆P1)会使其他参与者(即圆P2、P3、P4)均成为败方。因此,(27a)中的“我们”实际指不包括胜方“他”的其他参与者均成为控制目标。这实际是人们对打牌这一框架认识的必然结果。既然如此,“我们”无需言明,如(27b)。

例27:(27a)我们又被他自摸了。

(27b)又被他自摸了。

例28:伟王在秀容田地里与刘知远会战,被刘知远杀了伟王。(《新编五代史平话》)

再如,我们对于战争事件的常规理解是一方胜利则意味着另一方的军队、城池等均被纳入统治。例28中通过“刘知远杀了伟王”这一行为,“刘志远”将这一切均纳入其控制。(26a)属同类情况,句子描写的事件重大,存在众多无法明确的利益相关人或物,即不确定的参与者(unspecified participant)(Langacker,2009b)。因此,该句实质是这些参与者与控制目标的协调。而且,由于这些参与者不能明确,因而也就难以补出主语。

和直接被动句不同,间接被动句并非动词及相关成分编码的动作与控制构型的自然协调。因此,控制目标不再是动作的直接参与者。它们可能通过事件框架引入,也可能作为受事的参照对象引入。其共同点在于,它们均不是动作或行为的直接作用对象,相应的作用力也会掺杂更多感知、心理或社会权益等方面的主观因素,体现出更多的主观性。

3.3　汉英被动句的比较

本节讨论汉语和英语被动句的异同，以及我们应如何看待不同语言的被动语态的问题。如上所述，汉语被动句的句法格式是“NP1 被（NP2）VP”，而英语被动句的句法格式是“be V-ed”。这两种格式都是汉英两个语言系统中的典型语法构式。基于 1.1 节分析，被动句从跨语言的角度可概括为：一种和基本的及物句存在系统性对应关系的不及物句式，并且其及物句中的施事论元不再具有任何的主宾语功能（Farrell，2005）。汉英被动句都符合这一概括。比如，（1b）中的“狗”、（29b）中的“the dog”均不再是句子的主语。

例 29：（29a）The dog ate the dumplings.

（29b）The dumplings were eaten(by the dog).

不同的是，从句法结构上看，这两种语言分别采用了两种完全不同的语言编码策略。当然，我们可以从句法行为、语义特征和语用功能等方面来分析这两种语法构式的异同。但还需追问的是，汉英语言使用者如何通过一般的认知加工模式形成这两种不同的句法结构？下面我们来具体讨论。

对英语被动句而言，这种模式可视为对由动词 V 编码的施受互动关系的认知加工，在句法上实现过去分词“-ed”黏附于动词 V 构成“V-ed”格式，如（29b）中的“eaten”。该认知操作主要是剥夺施受关系中施事的焦点地位，从而使之不再被显影为射体（Langacker，1982）。比如，（29b）中的“the dog”只能充当“by”的宾语，受事“the dumplings”于是成为最为凸显的参与者，即射体。另外，Langacker（1982）提出，过去分词“eaten”不再具有动词性质（因而可修饰名词，如“half-eaten Sushi”）。系动词“was”的作用则在于使“eaten”所编码的关系过程化，即重新转化为动词性质。

此处对英语被动句的分析带来三个句法后果：首先，部分动词，如双及物动词可能会接两个宾语论元，它们都可以充当被动句的主语。比如（30a），接受者“she”和接受物“a fair warning”都可以是主语，从而构成了两种不同的被动句形式，如(30b)和(30c)。

例 30：(30a) Paul gave her a fair warning from the start.(COCA)

(30b) She was given a fair warning by Paul from the start.

(30c) A fair warning was given to her by Paul from the start.

另一方面，英语被动句要求动词 V 必须具有及物性(transitivity)，这是因为该认知操作的对象只能是施事。比如，汉语间接被动句的动词“自摸”“坐”，也均是不及物动词。如果把这两个句子直译为英语被动句，即(32)，则它们都不合法。

例 31：(31a) 我又被他自摸了。(Huang et al., 2009)[140]

(31b) 我被他这么一坐，就什么都看不见了。(Huang et al., 2009)[140]

例 32：(32a) *I was self-drawn by him again.

(32b) *I was sat by him, and saw nothing.

最后，比较(33a)和(33b)，如果存在由多个动词，如“派”“抓”构成的动作链，则英语被动格式不能应用于该动作链，会出现以“链尾”的受事短语“John”作为主语的形式。

例 33：(33a) 张三被李四派警察抓走了。(Her, 2009)[424]

(33b) *John was sent the police to arrest.(by Lee)

和英语被动句不同，汉语被动句在句法上的主要特点是其论元实现具有多样性，体现为直接被动句和间接被动句两种类型。3.2 节对这两种类型进行了详细讨论。这里做一简要说明。例 1 为直接被动句，句子的主语 NP1 为受事“饺子”，施事“狗”可实现为“被”的宾语，可以不明确指出。(31a)和(31b)为间接被动句，句子的主语和动词“自摸”或“坐”并不存在语义上的选择关系。这也导致这类句子一般都不能被译为英语被动句，如(32a)和(32b)。

汉语被动句和英语被动句的另一个不同是，汉语被动句引入的施事可以是表示泛称的名词“人”（或“人们”），删掉后语义不变，如（9a）（重述例句如下）。但是，如果将该句直译为英语被动句，即（9b），直觉上就不太合适。

例 9：（9a）我又被人骗了。

（9b）# I was cheated by a person again.

Xiao、McEnery 和 Qian（2006）对汉英被动句基于语料库的统计分析显示，汉语泛称名词用作被动句的施事短语的情况是极为常见的，而英语被动句几乎没有这样的用法。而且，从跨语言的角度看，汉语的这种被动格式也非常特殊。1.1 节提到，不接施事短语的被动句一般来说相较于接施事短语的被动句而言更有普遍性（Keenan & Dryer，2007）。汉语被动句的施事短语属于缺少信息性的泛称名词，这显得更为特别。

实际上，汉语被动句的以上独特之处是其显影目标射体和执行体之间控制关系的必然结果。正因为汉语被动句目标射体是被控制的对象，而非行为作用的对象，被动句的主语既可以是受事，构成直接被动句（见 3.2.1 节），也可以是其他被控制的参与者，构成间接被动句（见 3.2.2 节）。也正因为执行体的存在是控制关系得以实现的基础，汉语被动句中的“被”才常与泛称名词连用以明示执行体。

但不同的是，如上所述，英语被动句强调施事和受事在射体或界标安排上的变化，因此主语只能是动作行为的直接作用对象，即受事[如（29b）]或其他核心参与者[如（30b）和（30c）]，而不能是和动词不存在语义选择关系的参与者[如（32b）和（32c）]，也不可能涉及动作链[如（33b）]。

这里对汉英被动句的差异分析也包括它们在不同的句法形式上的呈现方式。汉语以“被”字句呈现，“被”并不完全依附于动词（曹道根，2009）。英语以词缀“-ed”呈现，必须依附于动词。

1.1 节提到，从跨语言的角度看，被动句属于短语层面的句法操作。原因是，被动句的构成主要涉及动词短语的句法操作，特别是动词形态上的变化（Keenan et al.，2007）。这一观点完全符合英语被动句。不论是从动词的形态变化及该句式的句法特点看，都可将其视为短语层面的句法操作。在认知语法的理论框架下，英语被动句作为语法构式，可被视为认知主体对由动词及其相关成分编码的动作行为的认知加工。同时，这一看法也符合该句式的历时演变。基于杨延宁（2020）的分析，古英语被动句源自完成体表达，即“be V-ed（完成体）”格式。

基于3.2节分析，汉语被动句是认知主体借助控制构型对由动词及其相关成分编码的情景事件的认知加工，这来自“被”作为蒙受义动词的语法化。这一演变过程与“蒙受”事件的主观化及致因事件的独立性相互伴随。表现在句法上，汉语被动句存在直接和间接被动句两种类型，句子的主语既可以是动词的受事，也可能是和动词不存在语义选择关系的其他参与者。从这个角度看，汉语被动句理应属于句子层面的句法操作，完全不同于英语等其他语言的被动句。

以上分析将汉英被动句处理为两种不同的语法构式对动作或事件的不同认知操作。那么，我们该如何看待被动语态及其与被动句的关系？从跨语言的角度看，对施受互动事件的编码主要分为以施事为导向和以客体（theme）为导向两种策略（Langacker，2008a）[374]。前者指以施事为出发点，沿能量传输的路径（即从施事到受事）进行概念提取。后者指以受事等客体角色为出发点，从自主到依存的事件扩展路径（即从受事到施事）进行概念提取。不同的语言会以不同策略为主导。汉语和英语均是以施事为导向的策略作为无标记的编码方式。事件中的施事被编码射体，在句法上实现为主动句。同时，汉语和英语中都存在其他编码方式打破这一常规策略，将事件中的受事等客体角色编码为射体的情况。汉英被动句可看作是这类有标记的编码方式。

遵循这一思路，主动语态和被动语态的对立实质是施事的焦点化（focusing）和去焦点化（defocusing）的对立（Shibatani，1985），即施事是否被聚焦为射体（Langacker，2006a）。而主动句和被动句作为两种不同的编码方式分别实现了这两种功能。简言之，主动语态和主动句、被动语态和被动句构成概念功能的实现关系。既然如此，不同语言系统的被动句就会有共性，即均以实现施事的去焦点化为主要目的[①]。它们也会有特殊的一面，表征不同的认知加工模式，并体现出不同的句法或语义特征。

基于本节讨论，汉语被动句通过控制构型实现了施事的去焦点化，而英语被动句通过调节射体/界标的安排实现了这一功能。两种语言句式的论元实现差异是这两种认知加工模式的自然结果。

3.4　小结

本章主要讨论汉语典型的被动句，即“被”字句的认知基础、论元实现及汉英被动句的异同比较。本章提出，汉语被动句的认知基础是控制构型，即目标射体被执行体纳入控制的结果状态。由动词等成分编码的情景事件会以不同方式和这一构型进行协调，从而构造出不同的被动格式，如直接被动句和间接被动句等。汉英被动句是实现施事去焦点化的两种不同的编码方式。这两种方式可分别看成是对句子层面和短语层面的句法操作。

3.1 节从“被”的历时演变出发讨论现代汉语被动句的认知基础。被动标记“被”源自其表示“遭受”或“蒙受”的动词用法。在句法格式上，汉语被动句经历了从“被 N”到“被 V”和“从被 V”到“被 NP V”两个关键发展阶段。前者使“被”发展成为双事件结构，后者确立了“被”所接 NP 作为执行体的地位。因此，本节提出，现代汉语被动句的概念结构可描写为执行体通过施展控制的作用力将目标射体纳入其领地的结果状态，即控制构型。

3.2 节提出，汉语被动句的不同句法结构是控制构型对具体事件经验进行认知加工的结果。我们将其概括为协调原则，即由动词等相关成分编码或激活的事件及相关参与者必须与控制构型相协调。这样，被动句的使用就可以分为与动词相关的情景事件经验和作为观照模式的控制构型两个层面。前者会以不同的方式和控制构型建立起对应关系并进行概念交叉，从

① 同时，由于同一语言内不同的语法构式均可实现这一功能，因此它们可被看作是广义上的被动句，如受事主语句（“杯子打破了”）、中动句（“这支笔写起来顺手”）等。

而整合成直接被动句或间接被动句等不同的论元实现方式。

3.3 节是对汉英被动句的比较。2.1 节提出,对构式的描写与解释必须符合心理现实性,即与人类的一般认知机制相吻合。作为两种有标记的编码方式,汉英被动句都能够实现对施事的去焦点化,使之不再充当主语。英语被动句通过“be V-ed”格式对与动词相关的施事和受事的射体/界标地位进行重新安排。从跨语言的角度看,英语被动句作为短语层面的句法操作具有普遍性。和英语被动句不同,汉语被动句是通过“被”编码的控制构型对由动词及其相关成分编码或激活的情景事件进行在线加工来实现的。这造成了汉语被动句多样化的论元实现。作为句子层面的句法操作,汉语被动句从跨语言的角度看具有一定的特殊性。

第4章　新创被动格式的范畴化

第3章提出，被动句可被视为目标对象作为射体，被执行体通过施展控制力而纳入其领地的结果状态，即控制构型。这为本章分析新创被动格式，如“被自愿”等提供了概念依据。本章提出，这些新创格式源自被动构式对“自愿”及相关社会事件的范畴化。作为范畴化的结果，“被自愿”的概念功能可描写为凸显执行体对目标射体的控制，并呈现出非自主、非受益等特征。这会造就一个独特的底层被动构式，并促使“被自愿”词汇化，但不会引发“自愿”的语义变化。

本章共分为3节。4.1节讨论对新创被动格式的转喻和压制分析及其相关问题。4.2节对“被自愿”等格式的范畴化进行分析，并给出该格式的功能分析。4.3节是本章小结。

4.1　新创被动句的两个视角

近年来，汉语出现了一种变体被动格式，如例1中的“被自愿”“被幸福”“被就业”。它们偏离了我们对“被”的常规认识（熊学亮 等，2012；施春宏，2013；黄正德 等，2014）。

例 1：（1a）家长被自愿购买校通信服务。(互联网)

（1b）市民感觉被幸福。(互联网)

（1c）小王被就业了。(王寅，2011b)[15]

在句法上，这种新创的被动句有类似短被动句的格式，但“被”所接成分的句法性质几乎没有任何限制。和“被”搭配的成分不仅有不及物动词“就业”或形容词“幸福”，还包括名词、及物动词、数字乃至字母，如例 2 中的“被高铁”“被培训”“被 67%”及“被 G2”等(袁红梅 等,2016)。

例 2:(2a)又一次被高铁了，今天买票发现周一的动车被取消了。(BCC)

(2b)堵住职工“被培训”漏洞是最关键。(施春宏,2013)[13]

(2c)教育部称 67% 公众赞成汉字调整。网友调侃被 67%。(彭咏梅 等,2010)[58]

(2d)“中国被 G2”不可轻信美国花言巧语。(郑庆君,2010)[42]

而且，在缺少更为具体的语境特别是相关社会事件的背景下，这种被动格式的语义解读具有相当大的灵活性。施春宏(2013)[22]指出，“被捐款”会有至少四种解读，具体如下。

A. 某人并不想捐款，被人劝诱或强迫而捐款(已捐款)

B. 某人并未捐款，被他人代捐款(已捐款)

C. 某人未捐款，他人说其捐款(未捐款)

D. 某人未捐款，他人视其捐款(未捐款)

总之，不论在句法上还是在意义上，这种创新被动格式都不同于常规被动句。和该句式相关的理论问题是，这样的创新格式是通过怎样的认知机制生成的？下文主要讨论和本章相关的两类观点，即转喻假设和压制假设。

4.1.1 转喻分析及其问题

施春宏(2013)认为，决定创新被动格式的是转喻机制。他认为，在概念上，新创被动格式实际是三个事件的嵌套。比如，该格式在整体上表达一个蒙受事件，这个事件产生于操控事件，而操控的内容可看作是施为事件。因此，这种格式的概念结构可以表达为：

[$_{E蒙受}$ A + 被 + [$_{E操控}$ B+V + [$_{E施为}$ ～X～]]]

其中，“E”指事件，A 是蒙受事件的参与者或蒙受者。“B”为操控事件的操控者，V 指操控方式。“X”指所操控的内容，代表的是 A 所发生的施为事件。比如,“被捐款”指的是“A 宣称被 B 强迫捐款”。这是 A 所蒙受的整个事件。操控事件指“B 宣称强迫 A 捐款”,操控方式 V 是“宣称强迫”。施为事件,即“X”指“发生在 A 身上的捐款(或代捐)”。

施春宏(2013)进一步提出,在这一概念结构向句法结构投射的过程中,只有“X”被凸显出来,用以代表整个操控事件。而操控事件中的操控者 B,以及操控方式 V 均隐而不显。这种操作的结果可表示为:

[$_{E蒙受}$ A + 被 +[$_{E操控}$ B+V + [$_{E施为}$ ～X～]]]→　A 被 X

需要强调的是,这里的核心操作是我们用“X”来指代整个操控事件,即“[$_{E操控}$ B+V + [$_{E施为}$ ～X～]]”。这种操作能够发生的根本原因是转喻机制的存在(施春宏,2013)。而且,这种转喻并不是一次性实现的。比如“被高铁”,我们首先通过“乘坐高铁”(施为事件)转指“铁路部门强迫乘坐高铁”(操控事件),可表示为“[$_{E施为}$ ～X～] → [$_{E操控}$ B+V + [$_{E施为}$ ～X～]]”。第二步是通过“高铁”转指“某人乘坐高铁”这一施为事件,可表示为“X→[$_{E施为}$ ～X～]”。施春宏(2013)[18] 提出,这两个层面的转喻操作都可看成是以部分代表整体。

以上转喻假设既抓住了创新格式“A 被 X”的概念结构的复杂性,也解决了“X”句法和语义性质的多样性问题。但是,该假设仍有两个问题有待解决。

首先,施春宏(2013)假设,通过“X”来转指包含施为事件的操控事件源自两个层次的转喻操作。这种转喻操作是否具有语言层面的证据仍有疑问。

一般而言,通过部分转指整体是最为常见的转喻现象。比如,“hand”是“人”身体的重要组成部分,而“figure”是“hand”的重要组成部分。按照以上转喻操作,我们可以通过“figure”来转指“人”。但是,比较(3a)和(3b),我们只能通过“hand”来转指人(即水手),用“figure”来转指人显然不合适。

例 3：（3a）All hands on deck.(Ungerer et al.,2006)[128]

（3b）* All figures on deck.

其次，从转喻机制本身来看，通过“X”来转指有待明确的操控事件也存在疑问。根据 Ungerer 和 Schmid(2006)的观点，转喻指的是我们通过源概念(source concept)来指代与之存在相邻关系的目标概念(target concept)(另见 2.2.1.1 节)。不论是源概念还是目标概念都是明确的。比如，(4a)中的“heads”转指“教师”，(4b)中的“The White House”转指“美国政府”。因此，如(5a)和(5b)所示，我们也可以用“teachers”和“US administration”来分别替换“heads”和“The White House”，相应的句子照样成立。不同的是，(4a)和(4b)通过转喻更能够凸显“学校”的需求和“减税”实施的主体。

例 4：（4a）The university needs more clever heads. (Ungerer et al., 2006)[128]

（4b）The White House has launched a tax-cutting campaign. (Ungerer et al.,2006)[128]

例 5：（5a）The university needs more clever teachers.

（5b）US administration has launched a tax-cutting campaign.

不难看出，这不符合创新被动格式“A 被 X”的转喻分析。一方面，4.1 节开头提到，对新创被动格式往往有多种不同的解读。这些解读的差异实际源自操控事件的不明确或模糊性(施春宏，2013)。这意味着“X”指代的是一个完全不明确的复杂事件。另一方面，转喻的使用会使源概念(如“heads”)更为凸显，这同时也造成了目标概念(如“teachers”)的背景化。但是，被动格式“A 被 X”恰恰不凸显“X”，而是试图通过“被 X”来凸显隐含在“X”所指施为事件背后的操控事件。比如，(1a)至(1c)恰恰是通过“被自愿购买”“被幸福”“被就业”来说明这并不是“家长”“市民”“小王”自主实施的行为，而是有人操控或强迫的结果。例句重述如下。

例 1:(1a)家长被自愿购买校通信服务。(BBC)

(1b)市民感觉被幸福。(互联网)

(1c)小王被就业了。(王寅,2011b)[15]

基于以上讨论,转喻假设并不能为创新被动格式"A 被 X"的出现给出合理的机制解释。事实上,即使我们承认"X"转指复杂的操控事件,我们仍可追问,这种转喻用法又是受怎样的因素驱动的?和一般的被动句是怎样的关系?下一节将讨论,压制假设恰恰是看到了一般被动句或"被"对新创被动格式的决定性作用。

4.1.2　压制分析及其问题

在构式语法的视角下,可把创新被动格式"A 被 X"看作是常规的被动构式或被动标记"被"压制"X"的结果(刘斐 等,2009;王寅,2009;王寅,2011b;张建理 等,2010 等)。"X"会发生变化,从而满足常规被动构式或标记"被"的功能或语义要求。构式压制强调"X"的变化来自常规的被动构式,词汇压制强调这一变化来自标记"被"。鉴于这两种压制分析的思路大体类似,这里仅讨论王寅(2009;2011b)提出的词汇压制假设。

王寅(2011b)提出,例 1 的出现源自词汇压制,即"被"作为句子的主导,迫使"自愿"或"幸福"作出变化,从而化解了它们之间的冲突(王寅,2009;王寅,2011b)。具体是,"被"将其施动义压制到所接不及物动词上,使之从非及物性变为及物性。比如(1c),"就业"在"被"的压制下获得施动义,从而具有"被动、胁迫"之义,原先的主语"小王"也从自主性衰变为非自主性(王寅,2011b)[16]。这里有三个问题值得进一步探讨。

首先,"被"何以可能具备施动义?王寅(2011b)[15]认为,典型的被动句中,"被"所接论元及动词分别表示执行者和施动性语义。但是,这并非指"被"自身具备施动义,而是指"被"所接及物动词具备施动义。这里的问题在于,"被"是否是传统意义上的动词或介词?

其次,"被"是否会迫使所接成分作出变化?这包括语义和句法两方面。语义上,(1a)中的"自愿购买"仍指"家长"自己实施"购买"的行为,(1b)中的

“幸福”还是指市民的生活状态，尽管可能与事实不符。

例 6：(6a)*家长被学校自愿购买校通信服务。

(6b)*市民感觉被媒体幸福。

(6c)?? 小王被学校就业了。①

而且，及物动词被动化后，施事一般以“被”所接论元的形式出现。但是，例1各句难以插入名词短语表示“施事”。王寅(2011b)[16]指出，这主要是因为“被”直接接动词，施事由此丧失其句法地位。可是，既然“自愿购买”“幸福”等已被压制因而具备及物性，相应的“施事”为何不可直接成为“被”的宾语论元？

4.1节开头提到，在句法上，尽管与“被”搭配的成分一般是不及物动词或形容词，一些名词甚至是数字也可以进入该格式，如“被高铁”“被67%”等。假设这些名词或数字发生转类或具备及物性，显然会违背直觉。

最后，词汇压制说忽视了这种非常规搭配对背景知识的依赖性。4.1节开头提到，这样的“A被X”格式可能会有多个不同的意义解读。究竟如何解读完全取决于和这一格式相关的社会事件。比如，(1a)中的“被自愿购买”实际指主语“家长”迫于某种压力或胁迫而实施购买行为，购买的事实是成立的。(1b)中的“被幸福”实际指主语“市民”被媒体或机构声称或认为“幸福”，但“市民”自己并不认可这一看法(刘斐 等，2009)。(1c)中的“被就业”常用来指毕业生被迫找某一公司签署就业协议，从而被认定为已就业。总之，对这类格式进行怎样的解读，完全取决于背景知识，特别是与之相关的社会事件。如果缺少这些信息，听者或读者往往不知所云。

综上所述，压制假设看到了常规的被动构式或“被”对新创被动格式形成的作用。但是，该假设强调这会造成其中的“X”发生语义或功能上的变化，这似有商榷的余地。正如施春宏(2013)[20]所言，这一思路也有循环论证的嫌疑，即某个词因压制因此进入相关构式，又因进入该构式而被认为该词

① 通过搜索网络文本资源发现，存在类似(1c)的例句。比如：(i)今天，我被学校就业了(互联网)。

受到压制。

根据 3.1 节对被动句的概念描写，4.2 节将提出，这类新创格式实质是常规的被动构式借助相关社会事件等背景知识对它们范畴化的结果。

4.2　新创被动格式的范畴化分析

本节提出新创被动格式源自被动构式对该格式的范畴化。4.2.1 节讨论范畴化作为解决语法构式和动词语义冲突的认知机制。4.2.2 节给出了新创被动格式的范畴化模式。以此为基础，4.2.3 节具体分析新创被动格式的功能。

4.2.1　构式压制与范畴化

动词和论元结构构式（argument structure construction）的关系是构式语法的核心问题。这是因为，动词所编码事件框架（event structure）或子范畴化框架（subcategorization frame）和它所在的论元结构（即论元结构构式）并不总是吻合的。比如（7a）和（7b），“play”和“sneeze”分别是一个及物和不及物动词，但它们分别用于结果构式（resultative construction）和致使移动构式（caused motion construction）中。

例 7：（7a）John played the piano to pieces.(Hilpert，2014)[28]

（7b）John sneezed the napkin off the table.(Hilpert，2014)[18]

构式语法通常把构式压制看作是解决类似动词与论元结构构式语义冲突的手段（Goldberg，1995；Hilpert，2014）。简单来说，论元结构构式会迫使动词做出语义调整，并使之与该构式保持一致（施春宏，2012；王寅，2011a；王寅，2013）。对于（7a）和（7b），结果构式和致使移动构式会分别压制动词“play”和“sneeze”，并使之获得“弹琴致使其处于某种结果状态”“打喷嚏使某物移位”的意义。这一思路也被应用到对新创被动格式的处理上（刘斐 等，2009；张建理 等，2010 等）。

基于2.1节讨论，语言的使用（包括语言产出和语言理解）可看作是一个任务解决的过程。它和解决其他任务一样，都会涉及已有知识、普遍的认知机制，以及具体情景的互动（Langacker，1987）。认知语法把这一过程看成是认知主体对所经历的情景内容的范畴化过程。范畴化是两个概念的比较。根据它们之间是否存在不相容的特征，可分为例示和引申两类情况（Langacker，1987）。

遵循这一思路，动词和论元结构构式的关系就可以被视为范畴化关系（Langacker，2008a）。由于人类对事物的范畴化因时因地而异，而且受到当时的情景、认知、社会文化等多种因素的影响（Lakoff，1987）。因此，作为范畴化能力的语言体现，构式压制也常以某些背景知识或语言环境为条件（庞加光，2013）。

回到（7b），“sneeze”可用于致使移动构式，这是源自后者对前者基于引申的范畴化（Zhang，2006）。尽管“打喷嚏”一般不是人们主动发起的行为，但该行为会使鼻腔内的气体急速喷出，从而会造成某些轻薄物体（如“the napkin”）的移动。这一知识背景构成“sneeze”用于致使移动构式的前提条件。（7a）中的“play”也可照此分析。

再如（8a）和（8b），不及物动词“坐”之所以能够进入被动构式，离不开“看电影”这类场景。而且，基于3.1节分析，被动句的概念结构可被描写为控制构型，即执行体通过控制目标射体的结果状态。语言环境“什么都看不见了”实际满足了该构型对结果状态的概念要求。

例 8：（8a）我被他这么一<u>坐</u>，就什么都看不见了。(Huang et al.，2009)[140]

（8b）*我被他这么<u>坐</u>了。

3.2节提到，可将（8a）分析为两个层面：一个是概念层面，即由动词“坐”及相关语言成分编码或激活的整个情景事件；一个是认知层面，涉及人类的认知加工，即控制构型。这样的构式压制实质是由被动构式编码的控制构型对这些事件经验的范畴化，其结果是对它们的认知加工（即3.2节中讨论的协调原则）。

以上将构式压制还原为范畴化关系的分析为例 1 的出现提供了自然的解释。熊学亮、何玲(2012)提出对该格式的确切解读依赖于词汇、构式及语境等因素的合力。本书赞同这一观点,并会在 4.2.2 节给出对这一创新被动格式“A 被 X”的范畴化分析。

4.2.2 新创被动格式的范畴化模型

事物之间的互动常常涉及多个事件。这些事件往往会体现出自主/依存关系(autonomy/dependancy)(Langacker,1991)[286-291]。比如,(9a)是由两个事件构成的复杂事件。它们分别是“风实施作用力”和“树倒下”。前一事件具有依存性,不能独立存在,如(9c)。而后一事件不需要依赖前一事件,因而具有独立性,如(9b)。

例 9:(9a)The wind caused the tree to fall over.(Langacker,1991)[287]

(9b)The tree fell over.(Langacker,1991)[287]

(9c)*The wind caused.(Langacker,1991)[287]

回到创新被动格式“A 被 X”,如(1a)至(1c)(重述例句如下),“自愿购买”“幸福”和“就业”都可看作是自主的施为事件。也就是说,这些事件都可以是某人自愿或独立实施的行为或所处的状态,无需外力的介入①,如(10a)至(10c)。

例 1:(1a)家长被自愿购买校通信服务。(BBC)

(1b)市民感觉被幸福。(互联网)

(1c)小王被就业了。(王寅,2011b)[15]

例 10:(10a)张三自愿购买校通信服务。

(10b)张三很幸福。

(10c)张三就业了。

① 实际上,这也正是创新被动格式不同于常规被动句的地方。对于常规被动句,目标射体(即主语)的行为或状态是执行体实施作用力的结果,因而不具有自主性。

但是，例 1 中的这些自主事件，即“家长自愿购买校通信服务”“市民幸福”或“小王就业”却要复杂得多。这里以(1a)为例。“被自愿购买校通信服务”实际指学生家长在学校变相强制或要求下购买校通信服务这一事件(见 2013 年 9 月 11 日人民网)。“自愿购买”编码参与者即“家长”的行为，可表示为图 4.1 右下粗线圆 P1 连接粗折线箭头，即参与者“家长”实施“购买”的自主行为，并不显影除购买物之外的其他参与者与外在的作用力。

问题是，这一事件并非家长完全自愿施事的行为，而是在学校或明或暗地要求下实现的。图 4.1 右下椭圆指“家长”的“自愿购买”行为实际隐含了学校的强迫(即处于迫使者的控制之下)，细虚线圆 P2 和双细虚线箭头连接并指向圆 P1 指“家长”遭受的强迫即迫使事件。

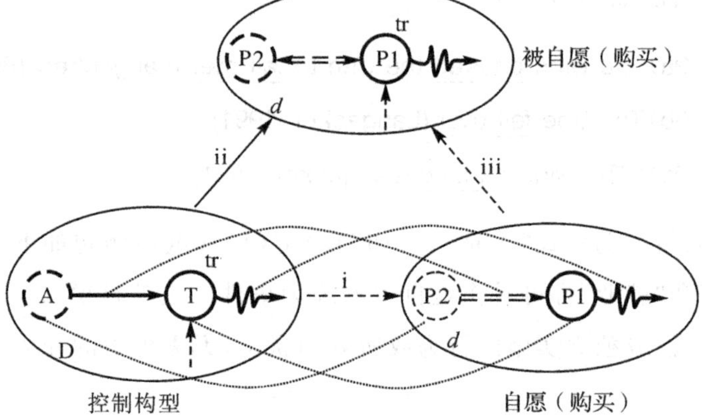

图 4.1 “被自杀”的范畴化

3.1 节将被动构式描写为控制构型(即图 3.1，同图 4.1 左下椭圆)。这样，“被自愿购买”就可被视为控制构型通过引申将“自愿购买(校通信服务)”这一复杂事件(即右下椭圆)范畴化(虚线箭头 i)。其结果是，二者进行概念协调并合成为一个复杂的事件结构。具体来说，执行体 A 及其作用力和迫使事件建立起对应关系，并进行概念交叉(连接圆 A 和圆 P2、粗线箭头和双细虚线箭头的虚线)；目标射体及其结果状态和“家长”与其“购买”行为建立对应关系，并进行概念交叉(连接圆 T 和圆 P1、两粗折线箭头的虚线)。

由此形成的非常规搭配“被自愿购买”可描写为上方椭圆，即显影一个由迫使事件（“学校迫使”）与自主事件（“家长购买”）整合而成的事件（圆 P2 通过双虚线箭头指向 P1 及折线箭头均为粗线）。因此，(1a)表示“家长”作为目标射体被学校控制，并被学校强迫“购买校通信服务”的结果状态。由于该事件和控制构型的差异在于抽象程度，因此它们是例示关系（即实线箭头 ii）。而该事件和“家长自愿购买”的差异在于迫使事件是否显影，因此它们是引申关系（即虚线箭头 iii）。

和一般被动句不同，这种格式的“被”通常需要重读，如“被高铁”“被67%”等。基于形式和概念层面的象似性(iconicity)(Haiman，1985)，对“被”的重读会凸显控制构型作为范畴化来源的地位。这也为图 4.1 所示范畴化过程提供了保证。

前文提到，(3a)是否成立取决于场景信息的支持。同样，图 4.1 的范畴化模式成立与否依赖于“家长被迫购买校通信服务”这一新闻事件的支持。特别是，迫使事件（右下虚线圆 P2 及双细虚线箭头）提供了和执行体 A 及其作用力（左下圆 A 与粗线箭头）相协调的概念成分。换言之，涉及这些创新被动用法的新闻事件或背景知识构成了它们准确解读的前提或基础。4.1 节开头提到，“被捐款”有四种不同的语义解读。这些不同的解读是听话人在缺少相应背景事件的情况下为其“创造”特殊情景的结果。比如，假设某人并未捐款而被他人发布或宣称其捐款。在这种情况下，和执行体 A 及其作用力相协调可能是宣称事件，即“他人发布或宣称某人捐款”。由于“某人捐款”是被宣称的内容，在缺少事实的情况下，自然也就会有真假问题（即未捐款）。原则上，这样的解读可能还会更多，这取决于我们的想象力有多丰富。

从压制的角度看，图 4.1 似乎可以被视为被动构式压制“自愿购买”的概念描写。问题是，这种“压制”的结果，即“被自愿购买”并不会改变“自愿购买”的及物性。这不同于“play”“sneeze”分别用于结果构式和致使移动构式（见 4.2.1 节）的情况。原因是，迫使事件和“自愿购买”是两个独立的事件，它们之所以能够被整合，在很大程度上是因为“自愿购买”是在迫使者操控下发生的事件，二者实质上并不存在直接的致使关系。也就是说，不论存在怎样的胁迫，对“自愿购买”的概念化始终是自我（即“家长”）实施的行为。既然如此，迫使者也就难以像一般被动句那样被直接编码。因此，和（11b）不同，（11a）并不成立。

例 11:（11a）*家长被学校自愿购买了校通信服务。

（11b）校通信服务被家长自愿购买了。

下面来讨论（1b）中的“被幸福”。和“被自愿购买”相比，这一用法有三个特点：（1）“市民幸福”是媒体宣称的状态，不是胁迫的结果；（2）作为宣称内容，该状态通常与事实不符；（3）这一特点又凸显出媒体（操控方）对市民（被操控方）的权益控制。

这构成理解“市民幸福”的背景知识。因此，和图 4.1 一致，“被幸福”是以这些背景知识为基础，被动构式（图 4.1 左下椭圆）通过引申范畴化“幸福”而实现的结果。同样，执行体 A 及其作用力可以和宣称事件进行协调。目标射体及其结果状态则会分别和“市民”与“幸福”状态进行协调。（1b）因而表示，“市民”作为目标射体媒体控制并宣称“幸福”的结果状态。

“被幸福”和“被自愿购买”的区别在于对目标控制的层面不同，前者偏向物理控制（即潜在胁迫），后者偏向社会控制（即权益操控）。而这又取决于它们所依赖的背景知识。对于（1c）中的“被就业”，由于“就业”是有关方迫使“小王”实施的行为，即“签署就业协议”，因而和“被自愿购买”相近，不再展开分析。

总之，不论是“幸福”“自愿购买”还是“就业”，自身都表示自主的事件或状态，因而可直接和控制目标的结果状态（图 4.1 左下椭圆的折线箭头）相协调。4.1 节开头提到，“高铁”“67%”等也可以和“被”搭配。它们并不直接表示某个事件或状态。问题是这类搭配何以会出现？

回到图 4.1，不论是“自愿购买”事件还是“幸福”状态，都是被控制的结果状态，这与目标射体未被控制时的状态形成对比。也就是说，“家长”本无须购买校通信服务，“市民”实际并不幸福。正是这两种状态的对比保证了

图 4.1 范畴化的合理性。同样,“被高铁”指市民本可以乘坐普通列车,却被迫乘坐了高铁。“高铁”实际是这两种状态对比的焦点信息。因此,在概念上,“乘坐普通列车”可分析为基线(baseline)状况,名词“高铁”仅是和基础状态不同的区别信息(differential)(Langacker,2016a)。也正是该信息保证了“高铁”被被动构式范畴化的合理性(比较:* 被普通列车)。“被 67%”也可据此分析,不再展开。

4.2.3 新创被动格式的功能

需要强调,图 4.1 所示范畴化模式导致新创被动格式的独特事件组织方式。这使其概念功能完全区别于一般被动句。3.3 节提到,被动句的主要功能是施事的去焦点化,即不再被显影为射体。但是,比较例(1a)和(12),“家长”均被显影为射体(即主语)。

例 12:家长自愿购买校通信服务。

对于(12),迫使事件仅是背景知识(图 4.1 右下圆 P1 及虚线箭头均为细线)。而对于(1a),迫使事件成为关注的焦点被显影(图 4.1 上方圆 P1 及虚线箭头均为粗线)。因此,该格式的功能可概括为凸显控制事件,这和上文(8a)类似。不同的是,被推至“台前”的是这些背景事件,其幽默、讽刺的修辞效果正源于此(Yao et al.,2013)。4.1 节提到,施春宏(2013)假设,“A 被 X”中的“X”转指整个操控事件。实际上,操控事件的凸显正是范畴化的结果。

同时,这种独特的事件组织也使“家长”成为被纳入控制的目标(即图 4.1上方指向圆 P2 的虚线箭头),对迫使事件的显影也将“家长”个人和学校的对比凸显出来。这使得该格式涌现出非自主性、非自愿性的特征(王寅,2011b)。有趣的是,尽管高铁票价高,但它快捷、舒适。但是,“被高铁”仅蕴含“乘客受损,而非受益”的含义。简单来说,既然是在权势控制下乘客做出的选择,而不是自愿的行为,自然也就不会是让乘客受益的事情。因此,“被高铁”的“非受益”特征可看作是语用推理参与理解“被高铁”的结果(Kay & Fillmore,1999)。

熊学亮、何玲(2012)[4]指出,此时“被”不再是被动标志,而是“一个凸显外力的标示修饰限定词,可看作“表达‘被迫’‘虚假’‘传说’等意义的简缩表达形式。”换言之,他们认为这类格式中的“被”与搭配成分冲突时,变异为外力标示词。Zhang(2020)假设,新创被动格式中的“被”是一个可构建出心理空间的成分(space builder)。该成分可促使认知主体构建出一个反事实的心理空间。

实际上,这些研究都割裂了一般被动句中的“被”和新创被动格式中的“被”的联系。基于本章分析,新创被动格式的出现既不会改变被动构式的概念结构(即控制构型),更不会创造一个新的“被”,但是会构造一个具有独特句法形式和语义特征的底层构式。而且,对于背景事件的依赖也会使每个新创格式具备语义上的专指性(specificity),从而促使这些表达词汇化(杨炎华,2013)。王寅(2009;2013)认为,如果没有词汇压制,构式的多义性也不会存在。基于本章分析,构式网络的建立恰恰是通过认知主体通过范畴化机制来化解语法构式和词语语义冲突的结果。

4.3 小结

“被自愿”“被幸福”等新颖的被动用法近些年来颇为流行。本书认为,这些用法是被动构式、“自愿”“幸福”等成分与社会事件互动的产物,其实质是被动构式通过控制构型对“自愿”及相关事件的范畴化。和其他对该格式的认知分析(如转喻假设、压制假设等)相比较,认知语法将语法构式与其构成成分的相容和冲突关系均统一于范畴化,既具有心理现实性和自然性,也与认知语言学的基本理念相吻合。

4.1 节是对转喻假设和压制假设的讨论。施春宏(2013)提出创新被动格式“A 被 X”格式包含两个层面的转喻操作,但是这种转喻操作是否可行尚待论证。而且,假设“X”转指操控事件,即“$[_{E操控}\ B+V+[_{E施为}\sim X\sim]\ ]$”恰恰违背了转喻机制用于凸显源概念的目的。压制假设抓住了一般被动句和创新被动格式的关系，同时要求“X”的转类要适应一般被动句。但是，“X”可以是各种各样的成分，假设它们都会转类不符合语言事实，也有循环论证的嫌疑。

4.2 节给出了新创被动格式的范畴化分析。第 3 章提出，一般被动句的概念结构可描写控制构型。基于该观点，“被自愿”“被幸福”等新创被动格式可被视为该构型对“自愿”“幸福”及相关社会事件基于引申的范畴化。作为范畴化的结果，“被自愿”“被幸福”的概念功能可被概括为凸显执行体对目标射体的控制，并涌现出非自主、非受益等特征。

第5章 “被NP把VP”构式及其概念合成

本章主要讨论汉语“被”字结构和“把”字结构同现的句法现象。该现象包括两种句法格式，即“NP1 被 NP2 把 NP3 VP”和“NP1 把 NP2 被 NP3 VP”，可分别称为“被”“把”同现句和“把”“被”同现句。本章的主要观点是，和“把”“被”同现句比较，“被”“把”同现句在使用频率上占据绝对优势，具备结构上的稳固性，逐步发展为特殊的语法构式。这还体现在该类同现句中的核心名词成分具有一些特殊的句法表现。在概念层面，“被”字结构和“把”字结构之所以能够同现，主要是因为这两种结构具有相同的认知本质。

5.1 节讨论这两种结构同现的现象及其理论问题。5.2 节是对该现象的简要文献回顾。5.3 节将以 BCC 语料库为基础，对“把”“被”或“被”“把”同现句进行穷尽性统计，并对涉及的核心名词成分（即 NP1、NP2 和 NP3）进行分析，以确定相应同现句的结构稳固性。而且，本节也会就这些同现句中的核心名词成分的句法表现进行描写。5.4 节和 5.5 节将从认知加工的角度给出“把”字结构的概念描写，并对涉及“被”“把”结构的概念合成做出具体分析。5.6 节是本章的小结。

5.1 “被”“把”同现现象及问题

4.2.1 节提到，构式语法理论（Goldberg，1995；Goldberg，2006；Hilpert，2014）通常关注语法构式与进入该构式的语言成分，特别是动词之间的互动关系。但是，对于两个地位相同的语法构式如何互动或整合，从而构造出更为复杂的句子结构却鲜有研究关注。汉语中“被”“把”两种结构同现的句法现象就属于这类情况。

一般来说，“被”字结构表示被动义（具体分析见 3.1 节），如（1a）。“把”字结构表示处置或致使义，如（1b）。它们属于完全不同的语法构式，其语义特征也存在差异（李珊，1994）。

例 1：（1a）或者把老虎打死，或者被老虎吃掉，二者必居其一。(李珊，1994)[227]

（1b）我等了半天，他也没有往下说，大概是把话头忘了：也许是被“中国”气迷糊了。(李珊，1994)[227]

但是，“被”字结构和“把”字结构可以同时在单个小句中出现，从而表达更为复杂的意义①。比如：

例 2：（2a）我把长发被他咔嚓一剪就没有了。(BCC)

（2b）奉劝世间的嫖客及早回头，不可被戏文小说引偏了心，把血汗钱被他骗去。(BCC)

例 3：（3a）她……就突然被一双有力的大手从后面紧紧地拦腰把她抱住了。(BCC)

（3b）我差点被一个糊涂大叔把我的包拿走。(BCC)

例 2 中“把”字结构（如“我把长发……”）在前，“被”字结构（如“长发被他……”）在后。它们的句法格式是“NP1 把 NP2 被 NP3 VP”，可称为“把”“被”同现句。例 3 中“被”字结构（如“她被一双有力的大手……”）在前，“把”字结构（如“一双有力的大手把她……”）在后。它们的句法格式是“NP1 被 NP2 把 NP3 VP”，可简称为“被”“把”同现句。例 2 和例 3 带来的问题包括：

① 需要指出，曾常红（2006）将“被”“把”字结构的同现分为套用和连用两类。前者如（ia），指两个结构修饰同一个作为核心的动词短语，后者如（ib），指它们分别修饰不同的动词短语。本书中提到的“被”“把”同现现象（或同现句）指套用类。

例 i：（ia）那对青年也不晓得犯了什么罪，而被日本人从电车上把他们捉下来（曾常红，2006）[451]。

（ib）过度爱和平的人没有多少脸皮，而薄薄的脸皮一旦被剥了去，它们便把屈服叫作享受，忍辱苟安叫作明哲保身（曾常红，2006）[451]。

(1)以上这些同现句是否发展成了独立的语法构式?(2)如果是的话,该句式的名词成分具有怎样的句法表现?(3)在概念层面,“被”“把”字结构何以可能组合成为更加复杂的概念结构?

第一个、第二个问题涉及对“被”“把”同现现象的统计分析。第三个问题涉及两个语法构式互动的理论分析。下文首先回顾当前对“被”“把”同现现象的研究,并在随后的章节对以上问题给出具体分析。

5.2 “被”“把”同现的相关研究

如前言所说,“被”“把”同现现象有“把”“被”同现和“被”“把”同现两类格式。通常认为,“被”“把”同现句更为常见(李珊,1994;曾常红,2006)。薛凤生(1993)[51]认为,它们同现时,“被”在形式和意义上都优于“把”。比较(4a)和(4b),只有“被”“把”同现句成立。当然,他也承认存在一些例外情况。

例 4:(4a)我被她把嘴唇咬破了。(薛凤生,1993)[51]

(4b)*我把嘴唇被她咬破了。(薛凤生 1993)[51]

由于“被”“把”同现句更为常见,当前文献对“被”“把”同现句的讨论相对较多(王还,1984;李珊,1994;曾常红,2006;刘筱杉,2020),问题主要集中在该句式究竟是“被”字句还是“把”字句(或以“被”还是“把”为核心)上,其他问题涉及 NP1、NP2 和 NP3 的句法特征或它们的语义关系等,观点不一。此处将主要观点梳理如下。

首先,李珊(1994)、刘筱杉(2020)等认为该结构属于“被”字句,主要表达被动义。比如,“被”“把”同现句,如(5a)和(5b),表达的意义分别是“你哥哥被学生咬破了眼皮”和“我差点被糊涂大叔拿走包”,即(6a)和(6b)。另外,曾常红(2006)发现,该同现格式的使用总趋势是下降的,有趋零的倾向。

例 5:(5a)你哥哥今天在学校里被一个比他高的学生把眼皮咬破了。(BCC)

(5b)我差点被一个糊涂大叔把我的包拿走。(BCC)

例 6:(6a)你哥哥今天在学校里被一个比他高的学生咬破眼皮了。

(6b)我差点被一个糊涂大叔拿走我的包。

其次,和一般的被字句比较,尽管 NP2 充当“被”的宾语,但通常不能省略。而且,该名词成分往往是定指成分,不能是不定指成分(李珊,1994;曾常红,2006)。从曾常红(2006)的统计结果看,18 例“被”“把”句中,仅有 1 例的 NP2 是不定指或类指成分,即例 7。

例 7:她觉得自己非常的伟大,可是会被一条哈巴狗或一只小花猫把她领到地狱里去。(老舍《四世同堂》)

而且,曾常红(2006)[456]进一步指出,尽管 NP2 是定指成分,但是它们还存在确定程度上的差异。比如,(8a)中的“你母亲”比(8b)中的“野狗”更加具体明确①。

例 8:(8a)我不求你和你哥哥一样的发展,你的才力本来不及他,况且又被你母亲把你惯坏;我只求你循规蹈矩的去作人,帮助父兄去守业,假如你不能自己独创的话。(老舍《月牙集》)

(8b)若从杀人处走过,昨天杀的人还没有收尸,一定已被野狗把尸首咋碎或拖到小溪中去了,就走过去看看那个糜碎了的尸体。(沈从文《从文自传》)

最后,NP1 和 NP3 通常表现为语义上的领属[即(9a)]、等同[即(9b)]和复指[即(9c)]关系(李珊,1994;刘筱杉,2020)。从曾常红(2006)检索到的

---

① 需要澄清的是,曾常红(2006)似乎混淆了定指与否(definiteness)和确指与否(specificity)这两组不同的概念。前者指在当前语境下名词短语的所指对象是否可以识别出来(identification),后者指在当前语境下名词短语的所指对象是否是唯一确定的(uniqueness)。这样的话,(8a)中的“你母亲”属于定指且确指的成分。而例 7 中的“一条哈巴狗或一只小花猫”和(8b)中的“野狗”都属于不定指且不确指的成分。

18个句例看，等同关系共11例，最为常见，占61.11%；其次是领属关系和复指关系，分别是3例，各占16.66%。另外，曾常红(2006)还补充了1例表示包含关系的“被”“把”同现现象，即(9d)。这里的包含关系指NP3“他，和许多别的人，大赤包也在内”包含了NP1“他”。但是，“和许多别的人，大赤包也在内”显然属于插入成分，因而将该句视为等同关系似乎更为合理。不论如何分析，在这三类关系中，等同关系占绝对优势。

例9：(9a)那日谁知我失了脚掉下去，几乎没淹死，好容易救了上来，到底被那木钉把头碰破了。(曹雪芹《红楼梦》)(领属：“我”-“头”)

(9b)你多半又叫什么女人把你迷住了。(曹禺《日出》)(等同：“你”-“你”)

(9c)胡统领还捏着一把汗，生怕路上听来的信息不确，到了严州被土匪把他宰了。(李宝嘉《官场现形记》)(复指：“胡统领”-“他”)

(9d)他没看见怀仁堂，而被军警把他，和许多别的人，大赤包也在内，都圈在大门以内的一排南房里。(老舍《四世同堂》)

我们会在5.3节通过BCC语料库对“被”和“把”的同现现象进行统计分析，验证上述观点，并回答5.1节提出的第一个、第二个问题。

5.3 “把”“被”和“被”“把”同现句的语料库分析

我们选取了BCC语料库对“把”“被”和“被”“把”同现句进行了穷尽性检索与分析，以帮助我们全面地认识这类句子。选择BCC语料库的原因是，该语料库包含报刊、文学、微博、科技等多个体裁与领域的例句，是可以全面反映当今中国社会语言生活的大规模语料库。基于该语料库的检索与分析会更客观地反映“把”“被”和“被”“把”同现句的使用现状。

需要说明的是，由于汉语中“叫”“让”“给”等可以取代“被”表达被动义，严格来说，对“把”“被”和“被”“把”同现句的统计还应包括这些被动标记。但是，本书未将这类被动标记纳入统计范围。这主要是出于两方面的原因：

首先，它们不属于典型的被动标记。尽管可以和“被”替换，但它们常携带被动义之外的意义成分，从而可能影响到我们对“被”“把”同现现象的统计描写。更重要的是，除被动义外，它们还表示“使动”“给予”等其他意义（见薛凤生，1993）。这带来两个问题：一是数据量太大，基于手工的逐条判断超出了我们的能力范围；二是在对语料的具体分析中，这些词究竟是表示被动义还是其他意义有时难以判断。鉴于此，本书不考虑这些被动标记和“把”同现的现象。

上文提到，同现句主要有两类格式：“NP1 把 NP2 被 NP3 VP”和“NP1 被 NP2 把 NP3 VP”。为做到穷尽性考察，本书设定的检索表达式分别为“把 * 被”和“被 * 把”（“ * ”指中间可插入任意数量的字符），并对检索结果逐一进行人工筛选（检索时间为 2021 年 5 月 6 日）。首先我们分析这两类格式的使用频率，判断它们是否发展为语法构式。同时，我们也对涉及名词成分的句法特征进行了统计分析，以明确它们的句法表现。这些分析也为 5.4 节对同现句的概念合成分析打下了基础。

5.3.1 节和 5.3.2 节分别是对“把”“被”同现句和“被”“把”同现句的统计结果分析。另外，由于前一格式的使用数量极为有限，因此本章仅进行简要介绍，不做详细讨论。

5.3.1 “把”“被”同现句的统计结果与分析

通过语料分析发现，“把”“被”同现句是罕见的同现现象。以“把 * 被”为表达式的检索共得到 6242 条例句。随后，我们对这些例句进行逐一阅读与筛选，并排除了以下三类情况。

第一，相应例句中“被”属于明显误用，删除后不会改变例句的意思。比如，将例 10 各句中的“被”删掉后形成的句子，即例 11 各句，均合法，而且更加符合汉语的表达习惯。鉴于此，我们将此类情况排除在“把”“被”同现句之外。这类情况数量不多，约有 20 例[①]。

---

① 这里的问题是，为何会产生例 10 所示“被”的误用现象？基于 6.3.1 节分析，一个可能的原因是“把”字结构和“被”字结构均以控制关系为认知本质。换言之，同样的控制关系既可以通过把字句来表达，也可以通过被字句来表达。

例 10：(10a)*……把柜子的锁被撬了，伸出来很多可疑的网线。(BCC)

(10b)*……把这些实名举报的人被打死了，天下就“太平”了！(BCC)

(10c)*难道他们共结同盟，最后把我被孤立了？(BCC)

例 11：(11a)……把柜子的锁撬了，伸出来很多可疑的网线。

(11b)……把这些实名举报的人打死了，天下就“太平”了！

(11c)难道他们共结同盟，最后把我孤立了？

第二，相应例句中尽管有“把”“被”的同现，但相应句子无法得到准确的解读，同时也不符合汉语的表达习惯，比如(12a)，让人不知所云。对于(12b)，尽管我们知道所要表达的意思，但直觉上非常别扭。根据本书统计，这样的句子极少。

例 12：(12a)# 他们寝室的同学把你被写在我的歌里的歌词：望我内心夹岸群花盛放……(BCC)

(12b)*终于可以把周末被上班的闹钟灭掉了。(BCC)

第三，相应例句尽管有“把”“被”同现，但它们在句法上不属于同一层级，因而不是由“把”“被”结构直接组合构成的单一小句(曾常红，2006；刘筱杉，2020)。通过语料检索发现，这样的例句非常多。这里仅列举一些可能引起误解的句子。

例 13：(13a)为了表扬她的“反战义行”，特别宣布允许把麦当娜被伊拉克官方禁卖十年之久的唱片解禁发行。(BCC)

(13b)孟樵没把他被当了一科的事抖出来，算是给他面子。(BCC)

(13c)今早耳洞痒了我自己把自己搞成被结婚，还蛮好玩的。(BCC)

(13a)实际是典型的“把”字句，“把”所接的对象是“唱片”。其中，“麦当娜被伊拉克官方禁卖十年之久的”可看作是修饰“唱片”的复杂成分(即“麦当娜的、被伊拉克官方禁卖十年之久的唱片”)。(13b)同样如此。“把”所接的对象是“事”，即“他被当一科”。(13c)中，“被结婚”当前已发展成为流行语，也不能看成是同现句。

总而言之，尽管以上例句均有“把”“被”结构同时出现在句子里，但不能看成是“把”“被”同现句。排除以上情况，经人工筛选共得到有效的“把”“被”同现句共 9 例，即例 2(例句重述如下)和例 14。

例 2:(2a)我把长发被他咔嚓一剪就没有了。(BCC)

(2b)奉劝世间的嫖客及早回头，不可被戏文小说引偏了心，把血汗钱被他骗去。(BCC)

例 14:(14a)赵四张着大嘴笑得把舌根喉孔都被看见，拉着李应的手问李老人身体怎样。(BCC)

(14b)就是把我们的思想完全被他的歪理邪说所代替。(BCC)

(14c)只想改革，不到一年，却把个实缺被自己的不现实理想革掉了。(BCC)

(14d)有什么把自己辛苦的工作被别人当作施舍更让人难受?(BCC)

(14e)(我)把今天一大早发生一些不开心的事情都被你们今天这些做得感动的事情给冲宵了。(BCC)

(14f)燕小辈武功有限，曾把俘虏的人被人救走。(BCC)

(14g)舞美太霸道了吧，把摄像机的位置快被你们占完了，舞台向观众席步步紧逼！(BCC)

李珊(1994)[229]指出，“被”和“把”同现时，“把”在前、“被”在后的情况很少见，并给出了如下例句，即(15a)至(15d)。不难发现，这些例句主要来自明清小说，仅有一句为现代汉语，即(15d)。

例 15:(15a)今早帅众与天王交战，把七十二洞妖王与独角鬼王尽被众神捉了。(吴承恩《西游记》)

(15b)它是九尾狐狸精，把好的吃他弄死了①。(兰陵笑笑生《金瓶梅》)

---

① 该例中的“吃”被用作被动标记，表示被动义。

（15c）却把孔孟的儒教被宋儒弄得小而又小。（刘鹗《老残游记》）

（15d）而时时想到不定哪时他会一跤跌到山涧里，把骨肉被野鹰们啄尽，不顾得别的。（老舍《骆驼祥子》）

曾常红（2006）以老舍、钱钟书、王朔、池莉的作品及沈从文的散文为语料检索发现，"把""被"同现句的实例很少，仅有4例。其中，除了（15d）外，其他3例列举如下。

例16：（16a）他从几句话中看出来四爷是内行，绝对不会把他的"现金"随便被别人赚了去。（老舍《四世同堂》）

（16b）他把脸伏在赵子曰的肩头上，香喷喷的酒味一丝丝的向外发散，把赵子曰的心像一团黄蜡被热气吹化了似的。（老舍《赵子曰》）

（16c）于是纪游诗上多了几首无题艳遇诗，把"巫峡神女""汉皋解佩""刘阮天台"等等典故，一律被引用到诗上去。（沈从文《桃源与沅州》）

本书选择BCC语料库作为检索对象，该语料库总字数远超100亿字，既包含文学、科技体裁，也包含微博等口语语料。基于如此大规模的语料库仅检索到9例"被""把"同现句，这的确说明"NP1把NP2被NP3 VP"结构是一种罕见的"把""被"同现现象，符合李珊（1994）、曾常红（2006）的看法。而且，从以往研究给出的例句和我们通过BCC检索到的例句比较来看，"把""被"同现句似乎有逐步消亡的趋势。

在句法上，尽管NP3充当"被"的宾语，但该名词短语往往不会省略。就检索到的例句，即例2和例14看，仅（14a）属于省略NP3的情况。在语义上，NP1和NP2一般表现为领属关系。比如，（14a）的主语NP1是"张四"，"把"的宾语NP2是他的"舌根喉孔"。再如，（14e）中，"把"的宾语NP2是主语"我""今天一大早发生一些不开心的事情"。而（14b）中"把"的宾语"我们的思想"则直接表达出了这种领属关系。对于（14f），"俘虏的人"或者是被"燕小辈"俘虏的人，或者是"燕小辈"看管的人，因而也可视为领属关系。其中的特例是（14g），其中NP1似乎难以补出，因此它构成了无主的"把""被"同现句。

总体上，从对文献涉及的“把”“被”同现句（李珊，1994；曾常红，2006）和汉语中大量使用的“把”字结构、“被”字结构，以及下文将要分析的“被”“把”同现句的比较来看，一个可能的判断是，该结构只是一个偶发的复杂表达，并且似有消失之势，并不会被规约化为语法构式。这和下文将要讨论的“被”“把”同现句不同。

5.3.2 “被”“把”同现句的统计结果与分析

同样，本书以“被 * 把”为表达式检索 BCC 语料库，共得到 5604 条例句。随后，我们对这些例句进行逐一阅读及筛选，排除的例句中包括“被”用作名词（如“被子”）和“把”用作量词（如“一把”）、实义动词（如“把门”）、作为构词成分（如“把握”“把守”）等情况。另外，还有如下两类情况也不属于本书提出的“被”“把”同现句。

第一，“被”字结构和“把”字结构尽管同现，但不在同一结构层级。这类情况在我们搜索的语料中非常多。如（17a）和（17b），“已被曝光的 2 家”和“被下达了死守命令的费可鲁”中的“被”字结构分别构成“2 家”和“费可鲁”的定语。

例 17：（17a）两家报纸的 5 位记者暗访了 7 家游戏厅，结果发现除了已被曝光的 2 家把赌场封存外，其他 5 家都仍在经营中。(BCC)

（17b）被下达了死守命令的费可鲁把视线投向自己的守护对象。(BCC)

第二，“被”字结构和“把”字结构之间插入动词短语，构成了复杂的结构，或可拆分为两个小句。这类情况也相对较多。比如，（18a）可看成是由“被”字结构和“把”字结构构成的两个小句，即“（我）被小偷进办公室”和“（小偷）把我的手机钱包都偷了”。（18b）中，“把”字结构（即“把冻得已经僵硬的双手放到热水中”）属于使动成分“强令”的补足语，并非和“被”字结构的直接组合。

例 18:(18a)我……被小偷进办公室把我的手机钱包都偷了。

(18b)这位妇女被拉到室内,被强令把冻得已经僵硬的双手放到热水中。

下文会从总体情况、NP2 的语义特征,以及 NP1 和 NP3 的语义关系三个方面对该同现格式进行讨论。

5.3.2.1 统计结果概述

经逐一筛选共得到"被""把"同现句 466 例。5.3.1 节提到,作者检索 BCC 语料库共得到"把""被"同现句 9 例。比较后发现,"被""把"同现句占绝对优势。上文提到,曾常红(2006)对比现代汉语语料(即老舍等作家的文学作品)和四大名著语料(即《三国演义》《水浒传》《西游记》《红楼梦》)发现,"被""把"同现句的总趋势是趋零的。我们的统计结果否定了这一观点。而且,两格式使用频率上的巨大差异也让我们推断,"被""把"同现句具有发展为独立的语法构式的趋势。

一个证据是,与单纯的被动句相比,这种同现格式可更为有效地实现复杂概念关系的表达,具有较高的能产性。这表现在,对于一些间接被动句,借助"把"字结构(即"把 NP3")可提高句子的可接受程度。比如被动句(19a)和(19b),它们的动词短语为动宾结构,直觉上均不太自然。但是,一旦将动词所接宾语,即"盒""我的包"通过"把"字结构引出,即(19a')和(19b'),则要通顺得多。对此,5.5 节会具体讨论,此处不再赘述。

例 19:(19a)? 你拿来的奥迪礼品麻将,昨天晚上就被少爷弄坏了盒。

(19a')你拿来的奥迪礼品麻将,昨天晚上就被少爷把盒弄坏了。(BCC)

(19b)? (我)上次还被一个抱着孩子的女的坐瘪了我的包。

(19b')(我)上次还被一个抱着孩子的女的把我的包坐瘪了。(BCC)

从语义上看,所有实例均表达被动义。比如,"被""把"同现句,即例 20 也表达被动义。基于第 3 章对被字句的认知分析,这两个句子描写目标射体

“我”和“栾某”分别被控制主体“一个帅哥”和“崔”纳入控制领地，符合当前研究对“被”“把”同现句的基本观点（如李珊，1994；刘筱杉，2020 等）。

例 20：(20a)我……在拥挤的地铁被一个帅哥把钱偷走了。(BCC)

(20b)栾某腾出手来撕崔的嘴，又被崔把他的手指咬伤。(BCC)

换言之，“被”“把”同现句可以被视为被动构式的底层构式。这还可以从两个方面来说明。首先，对于大多数 NP1 和 NP3 呈现领属关系的“被”“把”同现句（参见 5.3.2.2 节），NP3 可置于 VP（或 V）之后，形成单纯的被字句，表达的意义基本不变，都是被动义。比如（21a）和（21b），把“把酒”中的“酒”和“把头”中的“头”分别置于“抢了过去”和“碰破了”之后，两个句子，即（21a'）和（21b'）均合法且仍表达被动义。

例 21：(21a)两个老者没料到这老顽童会如此做法，竟是被他把酒抢了过去，待到想要阻止已经迟了。(BCC)

(21a')两个老者没料到这老顽童会如此做法，竟是被他抢了过去酒，待到想要阻止已经迟了。

(21b)那日谁知我失了脚掉下去……到底被那木钉把头碰破了。(BCC)

(21b')那日谁知我失了脚掉下去……到底被那木钉碰破了头。

第二，对于 NP1 和 NP3 呈现等同关系的“被”“把”同现句，删掉“把 NP3”不会引起该格式所表达的被动义，比如（22a）和（22b），删掉“把我”和“把他”，两个句子，即（22a'）和（22b'）成立，意义表达几乎没有变化。

例 22：(22a)(我)被摩托车压得站都站不起来，还好被旁边沙车的司机把我扶起，还被那小车司机臭骂了一顿。(BCC)

(22a')(我)被摩托车压得站都站不起来，还好被旁边沙车的司机扶起，还被那小车司机臭骂了一顿。

(22b)这位副会主……上次被鬼神愁把他整治得灰头土脸。(BCC)

(22b')这位副会主……上次被鬼神愁整治得灰头土脸。

从句法结构上看，“被”“把”同现句通常是“被”字结构和“把”字结构的直接组合，鲜有其他成分插到它们之间。在所有466个例句中，仅有14例属于这类情况。插入成分包括副词、“一十量”结构、介词短语三类，如例23中的“差点”和“无端端”，例24中的“一掌”和“一肩膀”，例25中的“从胎中”和“给我”。

例23：(23a)(我)被妹子差点把鞋子踩掉……真是不舒服。

(23b)别像下面这位阿晴，差点被人无端端把输卵管给切了。

例24：(24a)他虽然无法闪躲，却本能地立刻运功把胸腹僵硬起来，这才未被方宽厚一掌把心肺震碎。

(24b)如果不是被我一肩膀把他推到一边去，他才不会让我走过去呢。

例25：(25a)今年十九岁的他，因母亲难产，最后被人从胎中把他取出来。

(25b)我的手机居然被修手机的给我把所有电话洗掉了。

最后要说明的是“被”“把”同现句中动词短语VP的句法特征。总体上，该格式中的VP往往是由动词和补语等成分构成的复杂结构，或者是由动词和时体助词“了”等搭配构成“V了”结构。这实际上和被动句中VP的句法特征一致(见3.1.2节相关讨论)。通过语料分析发现，该格式最为常见的VP是动补结构，如(19a’)和(19b’)中的“弄坏了”和“坐瘪了”，(21a)和(21b)中的“抢了过去”和“碰破了”等。

5.3.2.2 NP2的语义特征分析

前面提到，对“被”“把”同现句中的NP2，已有研究的看法主要有两个：第一，NP2通常不会省略；第二，该名词短语通常是有定成分(王还，1984；李珊，1994；曾常红，2003；刘筱杉，2020等)。下面首先对NP2省略的情况进行分析，随后讨论未省略的NP2的语义特征。

1. NP2的省略分析

统计发现，在所有466个例句中仅有5例省略了NP2，说明这类情况的确非常少见。所有例句如下。

例 26:(26a)二十年间的混乱局面,闹得至少有一万良民被把头颅割下示众。(BCC)

(26b)到狱警允许开门时,第一组有三个人被把字条发还,拒绝入内。(BCC)

(26c)今晚上又有多少男人少女会被把心给偷走啊?(BCC)

(26d)此时的京巴儿只有两种选择:一是……,二是被把脑袋凑到板砖上。(BCC)

(26e)下辈子让他们投胎成猫,然后也被把脑袋切下来尝尝滋味吧。(BCC)

从例 26 各句看,只有(26b)中省略的 NP2 属于确指名词成分,具体指上文提到的“警备司令部军法官”(未在给出的例句内)。除此例外,其他各例省略的 NP2 均为不确指的对象,都可补出“人”或“别人”。

对于 NP2 通常言明的原因,曾常红(2006)认为,该名词成分具有双重身份。它既是“被”字结构中介词“被”的宾语,又是“把”字结构的主语,因而处于贯通整个组合结构的关键位置。本书认可这一看法。一个间接证据是,本节后面会提到,即使 NP2 是不确指甚至是不定指成分,一般也会通过“人”“人家”“别人”等缺少信息含量的名词表达出来。而且,本书认为,NP2 的双重句法身份实际来自其概念上的双重角色。这会在 5.5 节具体讨论。

2. NP2 的定指分析

下面来讨论 NP2 未被省略的情况。需要说明,由于汉语“光杆”名词既可以是定指(或确指)成分,也可以是不定指(或不确指)成分。这需要借助上下文进行逐一识别,在实际操作时具有相当的模糊性与主观性。这会影响到本书对语料分析的客观性。鉴于此,本书仅将那些通过句法结构与自身语义特征可直接识别为定指或不定指、确指或不确指的 NP2 纳入统计分析。这样的例句共 253 例,占所有例句(即 466 例)的 54.3%。其他 213 例中的绝大多数是 NP2 为“光杆”名词的情况。对它们定指与否的确认必须借助上下文来判断，因而未纳入统计。必须承认，这在一定程度上会影响到语料统计的完整性。但是，从我们的实际统计结果看，这能够大致反映出 NP2 的语义特征。

总体而言，NP2 既可以是定指成分，也可以是不定指成分。定指类 NP2 共 148 例，占所有句例(即 466 例)的 31.8%；不定指类 NP2 共为 105 例，占 22.5%。定指类 NP2 仅稍占优势，不定指类 NP2 也比较常见。5.2 节提到，当前研究认为 NP2 一般是定指成分(李珊，1994；曾常红，2006 等)。但就本书统计结果看，这一观点并不完全准确。

具体来说，定指类 NP2 可大致分为如下三类情况。

第一，NP2 为代词“他”“我”“他们”“自己”等。比如例 27 各句，这些代词具有明确的指称对象。这样的例句共 69 例，占比为 14.8%。

例 27：(27a)虽然它并不是没有结果，可是却被他把那样美好的日子糟蹋了。(BCC)

(27b)鸡舍的建筑不是很扎实，虽然不至于被我把墙弄塌，可是也不免有些摇晃。(BCC)

(27c)有些东西可能真被我自己把自己吓住了。(BCC)

(27d)一个老头儿让得慢了些，被他们把凳子一掀，摔在地下。(BCC)

第二，NP2 为“这/那(个/样)”、专有名词或代词“我”“你”“他”等搭配其他名词构成的名词短语。比如例 28 各句，这样的名词短语也具有明确的指称对象，共 46 例，占比为 9.9%。

例 28：(28a)那好功夫的人竟吃不住，被这一掌把牙齿打碎了两三个。(BCC)

(28b)我应该被这两个可怜虫的胡言乱语把头脑搞得更乱吗？(BCC)

(28c)两人都几乎一致地被这样的念头把心中的话阻止在嘴边，一步也动弹不了。(BCC)

(28d)这时节被吕家坪的烧酒把一点积压全挤出来了。(BCC)

(28e)他在自己还没被她的一举一动把自己给迷失前,有点理智地想抽腿离开。(BCC)

第三,NP2为表示人、物或地点的专有名词,如例29。由于专有名词的指称对象具有唯一性,因而既是定指成分也是确指成分,在搜集到的句例中,共有33例,占7.1%。

例29:(29a)原本还要说几句的,话没出口,便被莲香把话头儿接了过去。(BCC)

(29b)那个时候,我在课堂里看连环画,被徐老师把连环画给搜了上去。(BCC)

(29c)我们只是在过黄河的时候,险些被龙王爷把船揭翻了。(BCC)

(29d)(巴西队)越急越出毛病,反被中国队把分追上来。(BCC)

当然,NP2为不定指成分的情况也不在少数,大致也可分为三类情况,具体如下。

第一,NP2是不定指且不确指的“光杆”名词,如“人”“人家”“别人”。这类名词成分占比最大,共53例,在466例中占比为11.4%。这个比例是相当高的。部分例句如下。

例30:(30a)现在我都好简单,可惜总是被人把我的生活变复杂了。(BCC)

(30b)她好像被人把灵魂的最重要部分给取走了,整个人都像是松弛了下来。(BCC)

(30c)假如最后你不是存心捣鬼,我不相信你会被人家把剑击脱手。(BCC)

(30d)若是被别人把镖劫走了,我们还不是一样输了。(BCC)

第二,NP2为“一(两)+量+N”结构,数量较多,共21例,占比为4.5%。我们逐例分析发现,这样的结构均为不定指且不确指成分。例句如下。

例 31：（31a）我走了……差点被一个糊涂大叔把我的包拿走。(BCC)

（31b）我其实有很好的脾气，但是每次都被一些无聊的人跟和尚念经一样把我的好脾气给超度没了。(BCC)

（31c）他还来不及说完，便被一声如雷怒吼把话给退了回去。(BCC)

第三，NP2 为其他一些较为复杂的结构，包括“什么/任何＋N”“别的 N”“另一（个）N”“XP 的”“某（个/些）N”结构等，也包括较多“XP 的 N”结构（XP 不是代词、指示词或专有名词）。统计发现，这类结构往往属于不定指成分，共 29 例，占比为 6.2％，如例 32①。

例 32：（32a）他们的伤痕……有的却像是被什么东西把身体的一部分咬去了。(BCC)

（32b）人在外边在社会上有了成绩，那么就会有这种非常大的危险，就是被别的女人把他勾引走。(BCC)

（32c）方才秃尾老龙抢先掠出，还没扑到黑衣女子身前，中途就被另一个黑衣女人把他接住。(BCC)

5.3.2.3　NP1 和 NP3 的语义关系分析

上文提到，NP1 和 NP3 涉及三种关系，即领属、等同和复指关系，其中等同关系占优势（李珊，1994；曾常红，2006 等）。但从本书检索到的所有句例看，这一概括过于简单化，也有偏离之处。在对 463 例的逐一分析过程中，我们重点区分了领属关系和等同关系。前者指整体-部分和领有者-领有物关系。后者既包括 NP1 和 NP3 同为代词或名词成分，也包括 NP3 以代词或名词形式复指 NP1 所指称的对象（即事物、事件或行为）。需要说明，我们并未和以往研究（李珊，1994；曾常红，2006 等）一样严格划分等同关系和复指

① 需要说明，其中的一些名词成分具有较为明确的指称对象，如例 i 中的“修手机的”和“外边飘进来的水饺香味”。

例 i：（ia）我的手机居然被修手机的给我把所有电话洗掉了。(BCC)

（ib）李春来早被外边飘进来的水饺香味把魂勾走了。(BCC)

关系，而是将这两类关系合并为同指关系。原因有二：第一，在语义关系上，这两类关系和领属关系构成对立，但相互之间在概念上并不构成严格的对立（见5.5.2节）；第二，在具体分析时，NP1往往是相关语篇的话题，在“被”“把”同现句中往往会被省略。在这样的情况下，不论是将NP1和NP3处理为同指关系还是复指关系都具有一定程度的任意性。故此，本书将这两类合并为一类进行统计。

另外，在分析过程时，我们还发现了NP1和NP3既不属于领属关系也不属于同指关系的情况。为了讨论方便，我们将其称为间接关系。总体上，NP1和NP3的关系分布可概括如表5.1所示。

表5.1 “被”“把”同现句中NP1和NP3的语义关

NP1和NP2的关系	实例数量	实例比例
领属关系	314	67.4%
同指关系	110	23.6%
间接关系	42	9.0%
合计	466	100%

从表5.1可看出，领属关系共314例，占67.4%；其次是同指关系，共110例，占23.6%；间接关系共42例，占9.0%，数量最少。因此，领属关系占绝对优势。这与曾常红(2006)的统计结果完全不同。我们认为，这可能有两方面的原因：首先，曾常红(2006)选取样本较小，仅收集到有效实例18例，如此少的实例可能难以准确反映不同关系的分布情况。更可能的原因是，领属关系类“被”“把”同现句能够表达更为复杂的概念意义，这是同指关系类“被”“把”同现句所不能达到的。对此，我们会在讨论这三类关系时具体说明。

1. 领属关系

在所有314例表示领属关系的句子中，以整体-部分关系，特别是个体-部分关系最为常见（如例33），其次是个体与其领有物的关系（如例34）。

例 33：(33a)那日谁知我失了脚掉下去，几乎没淹死，好容易救了上来，到底被那木钉把头碰破了。(“我”-“头”)(BCC)

(33b)他看到有两只野火鸡，被人们把脚全绑在一起。(“两只野火鸡”-“脚”)(BCC)

(33c)杯子被我把把儿摔折了，罪过罪过。(“杯子”-“把儿”)(BCC)

例 34：(34a)我……今天早晨一出门就被一个特别虎的女的把车给撞了。(“我”-“车”)(BCC)

(34b)有几秒钟我好像被人把血都抽光了，就快死了。(“我”-“血”)(BCC)

一般来说，NP3 不会以“NP1 的 N”结构明示该领属关系。在很多情况下，我们只有将 NP3 所指对象解读为被主语 NP1 所领有，相应的句子方能成立。比如例 35，“碗”和“两个青毡包袱”只能被解读为分别属于“江姐”和“那长老”。这种领有者-领有物的关系可看作是“把”“被”同现结构所涌现的语义特征(见 5.5.1 节)。

例 35：(35a)无依无靠的江姐，流落在孤儿院里，常常刚端着饭，就被人把碗夺去。(“江姐的碗”)(BCC)

(35b)那长老昏晕在地，不能言语，被他把两个青毡包袱，提在手中，驾筋斗云，不知去向。(“那长老的两个青毡包袱”)(BCC)

当然，也存在 NP3 以“的”字结构明示该领属关系的情况，如例 36 中的“我的生活”和“我的好脾气”。但是，这类情况并不多见。

例 36：(36a)所以再之后没人作解释给我，就这样了，每次被人把我的生活搅和得一团糟之后，我痛哭流涕，发火生气。(BCC)

(36b)我其实有很好的脾气，但是每次都被一些无聊的人跟和尚念经一样把我的好脾气给超度没了。(BCC)

2. 同指关系

NP1 和 NP3 为同指关系的实例共 110 例，大致可分为三类情况。一类是 NP1 和 NP3 完全是相同的代词，偶尔也可能是相似的名词成分。比如，

(37a)中的 NP1 和 NP3 均是"我",(37b)和(37c)中的 NP1 和 NP3 分别是"模糊的黑影"和"这黑影"及"下一个问题"和"问题"。

例 37:(37a)其实我是个挺阳光的人,都被像你们这样的把我污染了。("我"-"我")

(37b)现在眼前的是一大堆模糊的黑影,这里那里,被塞纳河那微白色的弧线形河道把这黑影割裂开来。("模糊的黑影"-"这黑影")(BCC)

(37c)答非所问,必须问清楚,然后再进行下一个问题的谈话。第三,如果被谈话人把问题扯远了,需要转化他的思想,不能急躁,要掌握好火候,心平气和。("下一个问题"-"问题")(BCC)

另一类是,NP1 和 NP3 分别为名词成分和代词,它们共同指称同一对象,如(38a)中的"睡莲"和"她"。NP1 是代词或名词成分,NP3 会以"自己"的形式回指 NP1,如(38b)中的"你"和"自己"。

例 38:(38a)本有一朵很美的睡莲,却被一个戴着眼镜的斯文老男人铺着石头把她摘走。("睡莲"-"她")(BCC)

(38b)别胡说!你还年轻,别就被一点病把自己给击垮了。("你"-"自己")(BCC)

从检索到的例句看,以上两类情况最为普遍。除此之外,我们也发现,NP1 指称某个事件或行为,而 NP3 以抽象的名词形式指称该事件或行为。这类情况数量极少,仅有两例,即(39a)和(39b)。(39a)中的"情况"实际是"与俄国人暗通款曲",(39b)中的"情报"则是"军队的每一次调动"。

例 39:(39a)×××原来与俄国人暗通款曲……(BCC)

(39b)总参谋部的傻瓜们对军队的每一次调动都被间谍把情报送给了他国感到惊讶。(BCC)

3. 间接关系

间接关系指 NP1 和 NP3 既非领属关系,也非同指关系。此时,这两个名词成分并不构成任何直接的语义关联。它们的关联依靠"被"的宾语,即

NP2针对或使用NP3指称的事物所实施的行为来实现。这也是本书称其为间接关系的原因。

这类关系又可大致分为两个小类。一类是，NP3所指事物是NP2实施某个行为的对象，针对该对象的行为会造成主语NP1处于某种不利或受影响的状态。比如，例40各句中，“把”的宾语，即“热水器”“好课”“能吃的”“消息”均是动词“关”“选”“吃”“传”的作用对象。相应行为的实施造成“我淋凉水”“你无法选好课”“我只能喝汤”“我们不能顺利执行计划”。

例40：（40a）（我）刚回到家，洗澡到一半还被隔壁把热水器关了，淋了阵凉水！(BCC)

（40b）不过在国外选课也必须趁早，否则，只会被别人把好课全部选完。(BCC)

（40c）可我晚了一步，已经被前面两个乞丐把能吃的都吃了，现在只剩下汤了。(BCC)

（40d）但如果被他把消息传回去，则眼前已经成功了一半的“屠龙计划”，势必受到极大的破坏。(BCC)

另一类是，NP3所指事物充当NP2实施某行为的工具。因此，在这些实例中，将“把”替换为“用”或“拿”一般不会改变句子的意思。比如，将例41各句中的“把”替换为“拿”或“用”，这些句子仍维持原义基本不变，即例42。

例41：（41a）（我）意识到自己是被鲜花把刚才一直在读的书扔到脸上时，事务所里已经只剩下我和橙子小姐了。(BCC)

（41b）脚踏两船被发现，被蒙莫朗西把葡萄酒从头上洒了下去。(BCC)

（41c）我笑你做龙头那年，被爹把一桶清水倒到头上打发出门的事。(BCC)

（41d）本来是幅油画，被我把颜料盖上去然后毁了。(BCC)

例 42:(42a)(我)意识到自己是被鲜花拿刚才一直在读的书扔到脸上时，事务所里已经只剩下我和橙子小姐了。

(42b)脚踏两船被发现，被蒙莫朗西拿葡萄酒从头上洒了下去。

(42c)我笑你作龙头那年，被爹用一桶清水倒到头上打发出门的事。

(42d)本来是幅油画，被我用颜料盖上去然后毁了。

“被”字结构和“把”字结构分别是对两种不同认知加工模式的表征(对“把”字结构的讨论见 5.4 节)。它们之所以能够进行整合，主要是借助 NP1 和 NP3 的语义关联。换言之，它们的不同语义关联直接决定了两种不同结构的概念合成方式，以及不同的合成结构。鉴于此，5.4 节会给出“把”字结构的概念分析，并在 5.5 节从这三种关系出发，展开对“被”“把”同现结构的概念合成解释。

5.4 把字句的概念分析

和汉语被字句一样，把字句也可看作是一种偏离一般及物句，即主动宾结构的特殊句式。学界对该句式的研究历史悠久，相关文献汗牛充栋，同时对该句式的句法和语义等方面的争议也从未间断。郑杰(2002)[45]在回顾了“把”字句相关研究的基础上指出:“语义研究是把字句研究的关键，任何一个语法形式的研究都离不开其语法意义的支撑，而任何一个语法形式的应用都要以其语法意义为基础，因此把字句的最终解决还需以其句式语义为突破口。”本书赞同这一看法，并认为对把字句的语义概括必须从认知加工的视角出发才能够得以顺利解决。

2.1.2 节提到，作为语言编码策略，不同类型的语法结构可看作是用于完成不同的表达(或交际)功能的认知加工活动(Langacker，2016b)，在概念层面可描写为不同的认知加工模式。把字句也属于这样的认知加工模式，用于加工由动词等相关成分编码的情景事件，从而使其体现出不同于一般及物句的特殊意义与功能。而且，从语法化的角度看，现代汉语中的把字结构(或把字句)是古代汉语中用于连动结构的实义动词“把”(即“把 NP1 V NP2”)的主观化。本书认为,这一视角能够让我们更加深入地认识把字结构的本质,并且揭示出把字句和被字句的根本异同。

5.3.1 节是对“把”不同语法意义的简要回顾。在此基础上,5.3.2 节提出“把”作为控制关系的认知本质及其与被字句的异同。

5.4.1 从处置和致使看把字句

汉语把字句的句法结构是“NP1 把 NP2 VP”。其中,NP1 是句子主语,NP2 是“把”的宾语,VP 是句子的谓语成分。相关文献对该句式的语法意义的争议主要集中在 NP1 和 NP2 的关系上,即 NP1 和 NP2 究竟是怎样的关系?该关系是否能够有效地概括所有把字句?

传统汉语研究通常将把字句的语法意义假设为“处置义”或“致使义”。处置义假设来自王力(1985)。他认为,该句式是一种处置式,表示“把人怎么安排,怎么支使,怎么对付;或把物怎么处理,或把事情怎么进行。它既然专为处置而设,如果行为不带处置性质,就不能用处置式”(王力,1985)[83]。正因如此,把字句的谓语部分往往是复杂的动词结构,动词也通常是及物动词。比如,(43)各句均不成立。

例 43:(43a)*我把他爱。

(43b)*我把他看见。

(43c)*我把钱有。

但是,研究发现,很多把字句并不具有王力(1985)所提出的意义上的处置义。比如(44a)和(44b),其中的“病了”“忘了”并不带有处置义,也不表示某个人或事物对“凤丫头”或“你”进行了某种处置。

例 44:(44a)偏又把凤丫头病了。(曹雪芹《红楼梦》)

(44b)谁知接接连连许多事情,就把你忘了。(曹雪芹《红楼梦》)

对此,很多研究从不同的角度对处置义进行了修正或补充,以期有效地概括所有把字句。出于篇幅考虑,这里仅选择三个代表性观点说明如下。

宋玉柱(1991)提出,处置是指动词成分和“把”的宾语之间的关系,并不是指主语所指对象所实施的某个有目的的行为。

刘培玉(2009)认为,处置义应该理解为“语法处置”,即某人、某物或某事件通过动作对“把”的宾语施加作用和影响,使“把”的宾语、主语发生某种变化,或使动作达到某种结果。

沈家煊(2002)则区分了客观处置和主观处置。前者指“客观上处置乙,说话人主观上也认定甲处置乙”,如(45b),后者指“客观上甲未处置乙,而说话人主观上也认定甲处置乙”,如(46b)。

例 45:(45a)他把那碗酒喝了。(沈家煊,2002)[388]

(45b)他把她打了一顿。(沈家煊,2002)[388]

例 46:(46a)他把大门的钥匙丢了。(沈家煊,2002)[388]

(46b)他把这句话又想了想。(沈家煊,2002)[388]

与处置义假设不同,致使义假设认为把字句表达致使关系。叶向阳(2004)提出,把字句中的 VP 表达一个致使情景,致使情景由致使事件和被使事件两个有致使关系的事件构成。比如,(47a)中的致使和被使事件分别是“电话铃吵我”和“我醒”,(47b)中分别是“我搭腿”和“腿在练功杆上”。主语 NP1,即“电话铃”和“我”是致事或致使情景的激发者。“把”的宾语,即“我”和“腿”是役事(causee)或致使情景中受影响而产生变化者,其中的 VP,即“吵醒”和“搭在练功杆上”表达致使情景(叶向阳,2004)[36]。

例 47:(47a)电话铃把我吵醒。(叶向阳,2004)[28]

(47b)我把腿搭在练功杆上。(叶向阳,2004)[28]

同样,胡文泽(2005)也假设,把字句表达致使关系。但是,他认为,这种致使关系是主语 NP1 致使“把”的宾语 NP2 处于由 VP 描写的结果状态中。比如,(47a)可解读为“电话铃”使“我”处于“吵醒”的状态。因此,把字句的意义可概括为:与致使源 NP1 有关,“把”的宾语 NP2 处于 VP 描写的致使结果状态(胡文泽,2005)[21]。

但是,不论是处置义和致使义假设,以及随后的修正或补充,学界对它们是否能够对把字句的语法意义做出有效的概括一直是存疑的。这主要是因为,前人研究实质是将把字句中常见的动词及相关成分的意义看作是该句式自身的意义。这使之难以有效地概括一些非典型的把字句,如(44a)、(46b)等。而对处置义和致使义的修正或补充往往是从某个角度出发扩展或界定"处置"或"致使"这两个概念,从而使其尽可能地纳入这些非典型的把字句。但是,这似乎难以让我们抓住把字句的本质。

薛凤生(1993)从把字句和被字句的异同比较出发,假设现代汉语把字句,即"NP1 把 NP2+VP"结构是一种有特殊结构意义的句式。它的意义可以概括为:由于 NP1 的关系,NP2 变成了 VP 所描述的状态①。下面分别对成分 NP1、NP2 和 VP 及其关系的简要说明。

首先,成分 VP 必须是描写 NP2 状态的词语,即描写 NP2 在某一时刻所处的状态或情形。比如例 48 各句,成分 VP"剥了皮""剃光了""唱累了"分别是描写成分 NP2"橘子""头发"和"他"的状态。而且,成分 VP 不一定和成分 NP1 直接相关。比如,(48b)中的"剃光了"一般来说不是主语"他"自己实施的行为。

例 48:(48a)他把那个橘子剥了皮。(薛凤生,1993)[38]

(48b)他把头发剃光了。(薛凤生,1993)[41]

(48c)那出戏把他唱累了。(薛凤生,1993)[42]

其次,成分 NP2 在句法上是谓语 VP 的主语,在语篇上是句子的主要话题,因而不能省略。比如(49a)和(49b),删掉"我"和"他"后,均不成立。成分 NP1 位于句子开头,尽管也是话题,但和成分 NP2 不同,是次要话题。这是因为,NP1 和 NP2 不一样,是可以省略的成分,如(49a)。

例 49:(49a)把我笑得肚子都疼了。(薛凤生,1993)[44]

(49a')*把笑得肚子都疼了。(薛凤生,1993)[44]

① 与之对应,"被"字句,即"NP1 被 NP2+VP"结构可概括为:由于 NP2 的关系,NP1 变成了 VP 所描述的状态(薛凤生,1993)。

(49b)一瓶茅台把他喝得烂醉如泥。(薛凤生,1993)[44]

(49b')*一瓶茅台把喝得烂醉如泥。(薛凤生,1993)[44]

不难发现,薛凤生(1993)试图通过比“处置”和“致使”更为抽象的“关系”(即“由于 NP1 的关系”)来概括“把”字句中 NP1 和 NP2 的关系。基于薛凤生(1993)的观点,它们的“关系”是间接的,有时 NP1 仅是使 NP2 处于某种状态的一个偶然的因素。比如,(50a)中的“这段路”仅是 NP2“小李”跑的地方(location)。对于(50b),“他”无意造成了“老婆跑丢”的状态,仅对所发生的事情负有部分责任,即“他”原本可以阻止这样的事情发生。换言之,通过“把”的联系,NP2 之所以成为 VP 所表达的状态,仅是它与 NP1 存在某种“关系”。这种关系既可能是直接的,如(48a),也可能是间接的,如(50b)。

例 50:(50a)这段路把小李跑得上气不接下气。(薛凤生,1993)[45]

(50b)他只顾搞贩运,结果把个老婆也跑丢了。(薛凤生,1993)[46]

必须承认,薛凤生(1993)通过“关系”来描写 NP1 和 NP2,比处置义和致使义假设更有概括性。但是,由此带来的问题是,这也使得这种“关系”过于抽象,让人不免要问,如果不是处置或致使,NP1 和 NP2 之间到底是一种怎样的“关系”①。

以上研究均单纯从把字句及其各成分的句法和语义特点出发来概括该句式的语法意义,均未将该句式中的关键成分“把”的历时演变纳入考虑。弥补这方面缺憾的是(牛保义,2008;牛保义,2009),他将把字句的句式义与“把”在古汉语中的实义动词用法结合起来。他认为,该句式中的“把”是一个表示“掌控”的及物动词,该意义是其在古汉语中表达“拿”“持”“抓”的意义中抽象而来的。而且,“把”在现代汉语中也可以表示“拿”“持”等意义,如“把关”“把舵”“把门”等。

① 薛凤生(1993)假设 NP1 和 NP2 在语篇层面分别是次要话题和主要话题。它们的这种关系是否能够将把字句和其他句式区别开来进而有效地解释 NP2 为何不能省略仍有商榷之处(见胡文泽,2005 等)。这与本章关系不大,不再讨论。

因此,"把"字句的意义可以概括为掌控义,即 NP2 在 NP1 的掌控下,接受或执行了 VP 所表示的动作或处于 VP 所表述的状态(牛保义,2008;牛保义,2009)。比如,和(51a)相比,(51b)表达的是,在"警察"的掌握下犯人实施了"跑"的行为。因此,该句隐含"警察"掌控"犯人"不力,玩忽职守,应受处分的意义。对于(52a)和(52b),牛保义(2008)提出,"那场球赛"和"她"分别是对"他"和"我"的一种虚拟掌控。尽管"他"和"我"是行为的发出者,但被说话人认为是被"那场球赛"和"她"所掌控。

例 51:(51a)犯人跑了。(牛保义,2008)[125]

(51b)警察把犯人跑了。(牛保义,2008)[125]

例 52:(52a)那场球赛把他看累了。(牛保义,2008)[129]

(52b)她把我想得神魂颠倒。(牛保义,2009)[7]

这样的话,现代汉语中的把字句就是一个连动结构,表达两个动作(即"把""VP"中的"V")依次执行。但是,牛保义(2008)把"把"看成是实义动词有值得商榷之处。一般来说,"把"用作实义动词时往往可以接时体助词,如"着",但是,把字句中的"把"不能接这样的成分。比如,例 53 中的"把"后插入"了""着"或"过",均不合法。

例 53:(53a)*那场球赛把了/着他看累了。

(53b)*她把了/过我想得神魂颠倒。

而且,假设"把"为表示"掌控"的实义动词,那么就和古代汉语中"把"的用法几乎完全一致。比如例 54,其中的"把"指实在的动作"拿",即"拿剑看(诗句)""拿镜子看(两鬓)"。

例 54:(54a)诗句无人识,应须把剑看。((唐)姚合《送杜观罢举东游》)

(54b)两鬓愁应白,劳心把镜看。((唐)李频《黔中罢职将泛江东》)

这意味着,古代汉语中的实义动词"把"经语法化后,发展为现代汉语把字句中仍属实义动词的"把"。这一语法化路径显然不符合现代汉语中多数虚词(如"被""用""给"等)的一般演变方式。如此特殊的语法化现象及结果是否合理，有待进一步论证①。当然，该思路看到了现代汉语中的“把”和古代汉语中的实义动词“把”之间的紧密联系，为我们认识把字句提供了一个合适的观察角度。5.4.2 节将从“把”的语法化出发讨论把字句的概念结构。

5.4.2 作为认知加工模式的把字句

本节提出，现代汉语把字句的认知基础是控制关系，即执行体对目标对象的控制。本书认为，这是古代汉语中实义动词“把”语法化的必然结果。

基于王力(1980)和 Sun(1996)对“把”的历时考察，把字句的语法化经历了如下两个主要阶段(另见 Ziegeler，2000)。

第一阶段是从上古到中古时期。“把”由用于表示“抓、拿、持”的实义动词发展为用于表“目的”的连动结构。比如例 55，“把”分别指“拿着”“抓住”。而对于例 56，尽管它仍是连动结构，但“把”的宾语(即“茱萸”“卷”)同时也是“看”的对象(即“仔细看茱萸”“看卷”)，和例 55 的连动结构不同。

例 55：(55a)禹亲把天之瑞令，以征有苗。(墨子《非攻下》)

(55b)臣左手把其袖，而右手揕其胸。(刘向《战国策》)

例 56：(56a)醉把茱萸仔细看。(杜甫《九日蓝天崔氏庄》)

(56b)但愿春官把卷看。(杜荀鹤《入关因别舍弟》)

同时，“仔细看茱萸”或“看卷”也构成“把茱萸”或“把卷”的目的。王力(1980)412认为，在这样的句法环境下，句子的重音逐渐转移到“看”上，相应地“把”也就慢慢开始虚化了②。

① 为使(52a)和(52b)符合掌控义假设，牛保义(2009)提出虚拟掌控说，即(52a)和(52b)中的“把”是一种虚拟掌控，不存在真实发生的“掌控”行为。如果不能给出虚拟掌控的具体概念分析，及其与真实掌控的关系分析，这一假设就有循环论证的疑问。

② 另外，实义动词“把”的另外一演变路径是，连动结构中“把”的宾语和动词所接宾语并不指称同一对象，如“旋把金鞭约柳枝”(张祜诗)。沿这一路径，“把”发展为引出工具的介词，类似现代汉语的“拿”或“用”(王力，1980)。鉴于该演变路径并非本书讨论对象，故不再说明。

第二阶段是从中古到近代。“把”从例56所示连动结构发展为单个小句，宾语之后的动词逐渐具有接补语或类似补语成分的限制。比如，例57仅描写单个事件“惊散一天的好事”“乐死了你老子”。其中的“惊散”“乐死了”都是动补结构，和例56的单音节动词“看”不同。此外，王力（1980）[416]提出，在表意方面，近代汉语中的把字句还可以用来表示一件不幸或不愉快的事情。比如，例58都不再是表达对“把”的对象，即“疯丫头”和“我那要强的心”的处置，而是表达“疯丫头生病”“我没有要强的心”这些带有负面意义的事件。

例57：（57a）把一天好事都惊散。（董解元《董西厢》）

（57b）你把我老子都乐死了。（关汉卿《窦娥冤》）

例58：（58a）偏又把凤丫头病了。（曹雪芹《红楼梦》）

（58b）把我那要强的心，一份也没有了。（曹雪芹《红楼梦》）

基于3.1节，控制循环模型描写行为的实施者，即执行体通过施展作用力将目标纳入其领地的过程。譬如，猫抓老鼠的过程可看作是控制循环的完整实现，即猫注意到老鼠（初态）、躬身跳起（预备）准备抓老鼠（发力）直至抓住老鼠（结果）四个阶段。根据这一模型，实义动词“把”可看作是一种身体（或物理）控制，即执行体通过具体的行为（即“抓”“拿”“持”）将目标对象纳入近身范围进行控制。比如，例55中的“把天之瑞令”“把其袖”是通过“把”的行为将“天之瑞令”和“其袖”纳入主语“禹”和“臣”身体掌控范围。而对于例56，随后的动词“细看”和“看”则是将纳入身体掌控的对象“茱萸”“卷”的行为目的。

本书认为，只有例55和例56各句中的“把”才是表示掌控义的实义动词。现代汉语中的“把”是其在连动结构中的虚化（例56、例57和例58）。这实质是这种身体上的控制（即“掌控义”）不断泛化并主观化的过程（庞加光，2015b）。这一过程主要涉及如下两个方面的概念变化。

一方面，这种身体控制逐步脱离我们的具身体验，发展成为认识两个事物之间关系的认知模式。这意味着，一旦我们认识到或出于某方面动机意图想要凸显两个事物之间的控制关系，就可以使用把字句。比如，(48a)和(48b)中的“他”和“那个橘子”“头发”是典型的身体控制。对于(48c)，尽管是“他”唱“那出戏”，但“他唱累”是由“那出戏”造成的。在这个角度上，我们仍可把“那出戏”看成是控制“他”的执行体。(50a)中的“这段路”、(52a)和(52b)中的“那场球赛”和“她”均可照此分析。而对于(50b)和(51b)，“他”之所以负有一定责任，“警察”之所以掌控不力，正是因为“他”或“警察”作为控制“老婆”和“犯人”的执行体地位被凸显出来。重述以上例句如下。

例 48：(48a)他把那个橘子剥了皮。(薛凤生，1993)[38]

(48b)他把头发剃光了。(薛凤生，1993)[41]

(48c)那出戏把他唱累了。(薛凤生，1993)[42]

例 49：(49a)把我笑得肚子都疼了。(薛凤生，1993)[44]

(49b)一瓶茅台把他喝得烂醉如泥。(薛凤生，1993)[44]

例 50：(50a)这段路把小李跑得上气不接下气。(薛凤生，1993)[45]

(50b)他只顾搞贩运，结果把个老婆也跑丢了。(薛凤生，1993)[46]

例 51：(51b)警察把犯人跑了。(牛保义，2008)[125]

例 52：(52a)那场球赛把他看累了。(牛保义，2008)[129]

(52b)她把我想得神魂颠倒。(牛保义，2009)[7]

另外，对于(58a)和(58b)两句中所含有的不幸、不快之义也是“凤丫头”和“我那要强的心”被识解为受到他人或他物控制的缘故。最后，通常假设，“把”的宾语一般是定指成分(反例见张姜知，2013)。基于此处假设，该成分实质是已被主语对象纳入控制的目标对象，自然具有确指性。同时，这也可以解释例 59 和例 60 所示定指和不定指的对立现象。

例 59：(59a)他攒起钱来了。(薛凤生，1993)[45]

(59b)我想给她介绍一个朋友。(薛凤生，1993)[45]

例 60：(60a)他把钱攒起来了。(薛凤生，1993)[45]

(60b)我想把一个朋友介绍给她。(薛凤生，1993)[45]

薛凤生(1993)认为,将非把字句(例59)变换为把字句(例60)之后,原先的不定指宾语,即“钱”和“一个朋友”就会变成定指宾语。对此,薛凤生(1993)[45]承认这一变化的原因很难解释。基于本节思路,和例59不同,例60中的“钱”和“一个朋友”分别被主语“他”和“我”纳入控制范围,自然是“他”和“我”已得到或认识的对象。

实际上,在很多情况下,尽管“把”的宾语是“光杆”名词,但仍然属于定指成分。比如(48b),尽管“剃”的实施者不一定是“他”,但“头发”一定为主语“他”所拥有。简单来说,这些句子中的“钱”“一个朋友”“头发”的定指义实质就是因其与主语对象的控制关系而呈现出来的确指性特征。

另一方面,随着“把”逐步泛化并被主观化,“把”之后的动词成分逐步从表示“把”的目的行为演变为目标对象(即“把”的宾语)因控制而造成的结果状态,随之带来的是“把”随后的动词成分复杂化。这种语义和句法的演变是“把”从表示实在的掌控行为经主观化过程,演变为用于表达抽象的控制关系的结果。比如,(56a)中“仔细看茱萸”是“把茱萸”(即“拿茱萸”)所要达到的目的。而在(48a)中,“那个橘子剥了皮”可以理解为是“他”控制“那个橘子”所要达成的状态,即因这种控制关系而造成的“那个橘子”的状态变化。3.1节提到,“把”随后的动词成分不能是“爱”“看见”“有”等动词,即例43(例句重述如下)。这是因为这些动词所表达的行为或状态并不能被解读为因相关控制而造成的状态。

例43:(43a)*我把他爱。

(43b)*我把他看见。

(43c)*我把钱有。

综上,“把”语法化的结果是其发展成一个表达控制关系的语法标记,其所在的连动式演变为表达单一事件的小句。“把”的作用则从表达身体上的控制行为演变为对该单一事件进行基于控制关系的认知加工操作。这样的话,现代汉语中的把字句在概念层面就可以概括为:显影执行体(即射体)对目标对象(即界标)的控制并因之造成的结果状态,如图5.1所示。

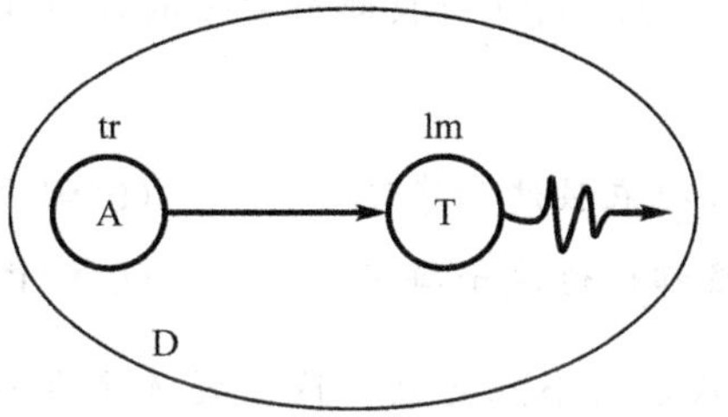

图 5.1 把字句的概念结构

基于图 5.1,把字句描写执行体 A 对目标参与者 T 进行控制从而使其处于某个结果状态,即圆 A 通过实线箭头指向圆 T。外椭圆 D 指执行体 A 所控制的领地,实线箭头指实施控制的作用力,连接圆 T 的折线则指它因控制关系而造成的结果状态。因此,和被字句一致,该构型也可看成是控制关系。从执行体 A 到目标 T 的控制,以及目标 T 的结果状态均被显影(即相应的粗线)。而且,执行体 A 和目标 T 分别充当其射体 tr 和界标 lm。

该图也表现了把字句最抽象的范型描写。换言之,把字句和非把字句的区别在于,认知主体是否采用图 5.1 所示的认知构型对动词及相关成分所编码的事件进行了加工,从而使两个相关参与者的控制关系得以凸显。以(60a)为例,和(59a)不同,“他”既是“攒”这一行为的实施者,也是“钱”的执行体;“钱”既是“攒”的对象,也是“他”实施控制的目标。整个“把”字句凸显出“他”对“钱”的控制(分别为射体和界标),以及由此造成的结果状态(即“攒了起来”)。

例 59:(59a)他攒起钱来了。(薛凤生,1993)[45]

例 60:(60a)他把钱攒起来了。(薛凤生,1993)[45]

3.1.2 节提到,被字句也可以描写为控制构型,即执行体 A 通过施展控制的作用力将目标参与者 T 纳入其领地 D 的结果状态(即图 3.2)。把字句也以控制关系为认知基础。因此,把字句可以变换为被字句,并且不会引起意义的太大变化。比如(61a)和(61b),不论是把字句还是被字句,都显影“他”对“衣服”的控制关系。而且,“洗干净”均是这种控制所造成的结果状态。因此,两句式中的动词成分一般都不会接时体助词“着”,因此(61a')和(61b')不合法。

例 61:(61a)他都把衣服洗干净了。　　(61a')*他把衣服洗着。
　　(61b)衣服都被他洗干净了。　　(61b')*衣服被他洗着。

另一方面,两句式也有不同之处。这主要体现在它们的射体/界标安排不同①。把字句是以执行体,即(61a)的“他”为射体(或主语),以目标对象,即(61a)的“衣服”为界标(或宾语)。基于认知语法,射体是定位、评估或描写的对象,是小句所描写的内容的出发点(Langacker,2015)。因此,当把字句的主语和相应语篇的话题为同一对象时,往往会省略。但是,“把”的宾语在句法上具有强制性,如例 49(重述例句如下)。这是因为,它是通过控制关系引出的焦点参与者,是把字句区别于其他句式的根本所在。换言之,把字句的主要功能正在于引出这一参与者并描写它被控制的结果状态,比如,是“我笑得肚子都疼”或是“他喝得烂醉如泥”。相比较,被字句以目标参与者,即(56b)的“衣服”为射体,而控制主体,即(56b)中的“他”仅是显影的成分,并未被识解为焦点参与者,因而可以省略(即“衣服都被洗干净了”)。

例 49:(49a)把我笑得肚子都疼了。(薛凤生,1993)[44]
　　(49a')*把笑得肚子都疼了。(薛凤生,1993)[44]
　　(49b)一瓶茅台把他喝得烂醉如泥。(薛凤生,1993)[44]
　　(49b')*一瓶茅台把喝得烂醉如泥。(薛凤生,1993)[44]

① 另外,两句式所表达的控制与结果状态的关系也不相同。对于把字句,如(61a),“他”对“衣服”的控制是状态“洗干净”的前提或基础。因此,(61a)中的否定式(即“他不把衣服洗干净”)否定的不是“他”对“衣服”的控制关系,而是“洗干净衣服”。而在被字句,即(61b)中,“他”对“衣服”的控制来自“他洗衣服并使之干净”的状态变化。换言之,“他”和“衣服”的控制关系是通过“他”实施“洗”的行为所达成的结果。再如,(ia)可以变换为“被”字句,但不能变换为“把”字句。这是因为“知道你的情况”只能被识解为实现“敌人”在认识上控制“你的情况”的方式,也即通过得知“你的情况”而将其纳入“敌人”的控制。

例 i:(ia)我知道了你的情况。　(ib)你的情况被敌人知道了。　(ic)* 敌人把你的情况知道了。

而且，两句式在射体/界标的安排上的差异也导致了它们用作祈使句时的合法性差异。比较(62a)和(62b)，祈使句可以采用把字结构，而不能使用被字结构。基于此处分析，(62a)的控制主体是未言明的主语“你”，说话人可命令“你”对相应目标，即“它”采取“拿走”的行为。但是，(62a)的主语是被控制的目标即“它”，而控制主体是“被”的宾语，说话人不可能命令“它”让其执行“拿走”的行为。

例 62：(62a)把它拿走！

(62b)*它被拿走！

本书认为，正是由于把字句和被字句均以执行体和目标对象之间的控制关系为认知基础，因而它们可以同时出现于同一小句中，实现对同一情景事件的认知加工操作。我们会在 5.5 节逐一讨论“把”和“被”的各种同现情况。

5.5 “NP1 被 NP2 把 NP3 VP”句的概念整合

根据 5.3 节，“被”“把”同现现象主要体现为“被”“把”同现句，并且有发展为独立的语法构式的趋势。基于此，本节主要讨论该格式中被字结构和把字结构是如何合成为更为复杂的概念结构的。5.3.2.2 节提到，该格式中的 NP2 一般不省略，NP1 和 NP3 主要表现为领属关系，还表现为同指关系和间接关系。例句如下[①]。

例 63：我被一个帅哥把钱偷了。(领属关系)

例 64：我被你们把我污染了。(同指关系)

例 65：(65a)我被隔壁把热水器关了。(间接关系)

(65b)我被爹把一桶清水倒到头上。(间接关系)

实际上，NP1 和 NP3 关系的不同造成“被”字结构和“把”字结构的不同

① 此处例句均来自 BCC 语料库。为讨论方便，本书进行了适当修改。

合成方式，以及形成的不同的合成结构。鉴于此，我们以这些关系为依据，将"被""把"同现句划分成三个子类，即领属关系类、同指关系类和间接关系类。下文是对这些子类的概念合成分析。

5.5.1 领属关系类"被""把"同现句

根据5.3.2.3节，领属关系类"被""把"同现句最为常见，具体表现为个体-部分关系和个体与其领有物的关系。这两类关系都是典型的领属关系（Langacker，2008a）。这里以例63为例来讨论这一子类的被字结构和把字结构在概念上是如何合成的。简单来说，该句可被视为一个被字结构和一个把字结构的杂糅，即"我被一个帅哥偷了（钱）"和"一个帅哥把（我的）钱偷了"。

基于3.1节和5.4节对被字句和把字句的概念分析，这两个结构可分别描写为图5.2中的左下椭圆（$D_{被}$）和右下椭圆（$D_{把}$）（椭圆D指相应的控制领地）。它们分别表示两种不同但存在交叉的控制关系。对于被字结构，即"我被一个帅哥偷了（钱）"，"一个帅哥"是控制主体（即圆A），它将作为目标射体（即圆T_1）的"我"纳入其控制领地（椭圆$D_{被}$）[①]。而且，它们的控制关系是通过"偷了我的钱"达成的，因此"钱"和"我"的领属关系构成该控制关系的基座成分（圆T_1通过虚线箭头指向细线圆）。对于把字结构，即"一个帅哥把（我的）钱偷了"，"一个帅哥"仍是控制主体（即圆A），但"钱"此时是受其控制的目标对象（即圆T_2）。具体是，"一个帅哥"作为射体对界标"钱"进行控制从而造成后者"被偷"的状态（椭圆$D_{把}$指其控制领地）。值得注意的是，这里的"钱"同时也是"我"所领有的"钱"。

这样的话，例63就可被视为是图5.2所示"把""被"所示控制关系的合成。可将这个过程视为两个构型中的两个核心成分基于对应关系的概念交叉（即虚线i和ii）。具体来说，虚线i代表的是与"被"相关的控制关系中的执行体（左下椭圆中的粗线圆A）和与"把"相关的控制关系中的执行体（右

① 出于简洁的需要，这里并未标注被字句和把字句所示控制构型中的结果状态。

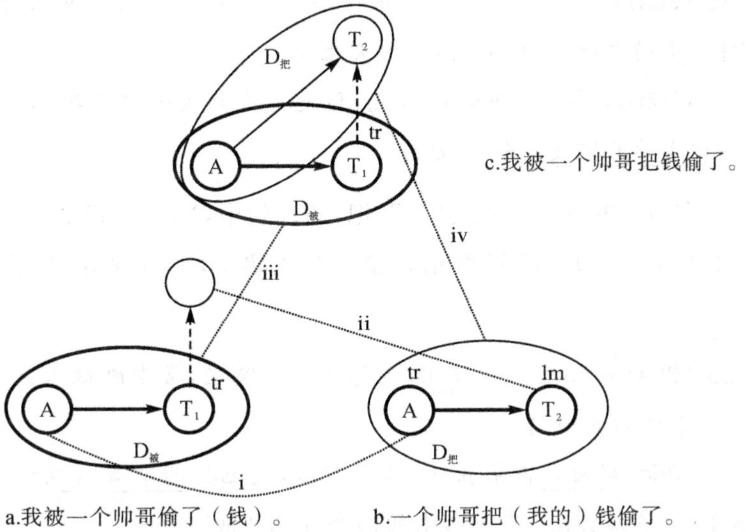

图 5.2 领属关系类“被”“把”同现句的概念合成

下椭圆中的粗线圆 A)之间的概念交叉。就例 63 而言，这意味着“一个帅哥”同时是“我”和“(我的)钱”的控制主体。因此，它在句法上既是被字结构中“被”的宾语，又是把字结构的主语，一般也不会省略(见 5.3.2.2 节相关讨论)。

另一方面，虚线 ii 代表的是被字结构中目标对象的领属物(左下椭圆中圆 T_1 虚线箭头所指的细线圆)和把字结构中目标对象本身(右下椭圆中的粗线圆 T_2)之间的概念交叉。这就是说，在例 63 中，“一个帅哥”所偷的“钱”是属于“我”的，而不是其他人的。也正是这个原因，“我”才可能被“一个帅哥”通过“偷”的行为纳入控制领地成为其目标。5.3.2.3 节提到，“把”的宾语 NP3 有两方面的特点。如果该分析成立，这就可以得到解释。

首先，在一些领属关系类“被”“把”同现句中，NP3 是一个表示领属关系的“的”字结构，领有者正是句子的主语 NP1(例句重述如下)。实际上，这里的“的”字结构，即“我的生活”“我的好脾气”是把图 5.2 中虚线 ii 的对应关系通过语言的形式表达了出来。

例 36：(36a)所以再之后没人作解释给我，就这样了，每次被人把我的生活搅和得一团糟之后，我痛哭流涕，发火生气。

(36b)我其实有很好的脾气，但是每次都被一些无聊的人跟和尚念经一样把我的好脾气给超度没了。

其次，在另一些领属关系类“被”“把”同现句中，NP3 尽管不是“的”字结构，但我们必须将 NP3 所指对象解读为被主语 NP1 所领有(重述例句如下)。

例 35：(35a)无依无靠的江姐，流落在孤儿院里，常常刚端着饭，就被人把碗夺去。(“江姐的碗”)

(35b)那长老昏晕在地，不能言语，被他把两个青毡包袱，提在手中，驾筋斗云，不知去向。(“那长老的两个青毡包袱”)

例 35 中的“碗”和“两个青毡包袱”只能被解读为分别是属于“江姐”和“那长老”的。这是因为，“江姐”和“那长老”之所以能够被识解为控制目标也正在于其领属之物(而不是其他人的领属之物)处于受控制的状态之下。这是听话人合理解读例 33 的必要条件，是对“把”“被”同现句所涌现的概念关系的识解。

基于以上对“被”“把”结构的概念交叉的分析(即虚线 i 和 ii)，它们的概念组合可被视为图 5.2 上方两个控制关系的交叉，即执行体“一个帅哥”通过实施对目标“钱”的控制实现了它对与该目标的领有者(即同样作为目标的“我”)的控制。这两种控制关系在图 5.2 中分别表示为椭圆 $D_{把}$ 内粗线圆 A 通过实线箭头指向细线圆 T_2，以及椭圆 $D_{被}$ 内粗线圆 A 通过实线箭头指向细线圆 T_1(目标 T_1 和 T_2 的虚线箭头表示它们之间的领属关系)。

需要强调，在合成结构中，仅“被”所示的控制关系(即“一个帅哥”和“我”的关系)处于前景地位(椭圆 $D_{被}$ 为粗线)，即属于被显影的结构。“把”所示控制关系(即“一个帅哥”和“(我的)钱”的关系)处于背景地位(椭圆 $D_{把}$ 为细线)，属于基座部分。因此，在句法上，“我”是例 63 的主语。而且，该句只能通过在“被”之前(而不是在“把”之前)插入“没有”进行否定。比较(66a)和(66b)。

例 66:(66a)我没有被一个帅哥把钱偷了。

(66b)*我被一个帅哥没有把钱偷了。

换言之,“一个帅哥”和“我”的控制关系(即“我”被其纳入控制)是该句所凸显的概念关系,而“一个帅哥”和“(我的)钱”的控制关系,即“(我的)钱”被其纳入控制,是实现上述控制关系的手段。因此,例 63 中的“被”“把”同现句与相应的间接被动句(例 67)的意义大致相当。它们的概念区别仅在于,前者把“一个帅哥”和“(我的)钱”的控制关系(即图 5.2 上方细线椭圆 $D_{把}$)通过把字结构给明示出来。基于 Langacker(2013a)的观点,语言手段是否明示意味着相关内容在大脑中是否被激活。这在概念层面也是一个凸显程度的问题。

例 67:我被一个帅哥偷了钱。

如果以上分析正确,(58a)中的“被”“把”同现句和相应的被字句和把字句,即(68a)和(68b)的区别就可以得到自然的解释。简单来说,不论是被字句还是把字句,仅显影“一个帅哥”对“我的钱”的控制关系。而它和“钱”的领有者,即“我”的控制关系并未被言明,因而如果存在的话,也处于非常边缘的地位。

例 68:(68a)我的钱被一个帅哥偷了。

(68b)一个帅哥把我的钱偷了。

从认知加工的角度看,(68a)和(68b)是被字结构和把字结构所编码的控制关系分别对事件“帅哥偷了我的钱”的认知加工操作。而例 63 则是被字结构和把字结构所编码的控制关系对该事件共同加工的结果(即图 5.2)。这也使得“被”“把”同现句能够更有效地实现对复杂概念结构的表达,从而不同于相应的间接被动句等句式。这表现在如下两个方面。

首先,通过“把”引出动词的受事,可以避免因动词接复杂的补足成分而造成的不合法现象。比较(69a)和(69b),“刻在了骨髓里”原本就是一个复杂的动补结构,不可能再接受事宾语。在这种情况下,通过“把”引出受事宾语,就可以避免这个问题①。(70a)和(70b)也是如此。

例 69:(69a)现在想来原来是被人把幸福刻在了骨髓里,走到哪儿带到哪儿。(BCC)

(69b)*现在想来原来是被人刻在骨髓里幸福了,走到哪儿带到哪儿。

例 70:(70a)他跑着来到现场,抢修中,被喷出的水把全身浇了个透湿。(BCC)

(70b))*他跑着来到现场,抢修中,被喷出的水浇了个透湿。

其次,通过“把”引出动词的受事宾语还能够起到补救被字句的作用。比较(71a)和(71b),“被”“把”同现句,即(71a)成立,而对相应的被字句,即(71b)的接受程度则要差一些。这是因为,把字结构可激活“一声如雷怒吼”和“(他的)话”之间的控制关系(即图 5.2 上方细线椭圆 $D_{把}$)。正是通过它们之间的控制关系,“一声如雷怒吼”和“他”的控制关系才可顺利实现。换言之,前者的构成正是实现后者的手段。

例 71:(71a)他还来不及说完,便被一声如雷怒吼把话给退了回去。(BCC)

(71b)*他还来不及说完,便被一声如雷怒吼退了回去话。

综上所述,领属关系类“被”“把”同现句既不能同于单纯的被字句,也不同于单纯的把字句,能够更有效地实现对复杂概念结构的表达。如果本章分析正确,这类同现格式在所有“被”“把”同现句中占据主导地位也就不足为奇了。

---

① 实际上,这也是王力(1980)提出的“把”的提宾作用,即把动词的宾语提到动词前面。比较以下例句。

例 i:(ia)明娟讶异地注视家琪,想把一字一句听进耳里。(BCC)

(ib)*明娟讶异地注视家琪,想听进耳里一字一句。(BCC)

5.5.2 同指关系与间接关系类“被”“把”同现句

根据 5.3.2.3 节讨论,同指关系类“被”“把”同现句指 NP1 和 NP3 具有相同的指称对象。比如例 64,主语“我”和“把”的宾语“我”指同一个人。这种类型尽管不及领属关系类“被”“把”同现句多,但也不在少数。

例 64:我被你们把我污染了。(同指关系)

参考 5.5.1 节对领属关系类“被”“把”同现句的分析,被字结构编码的是控制主体“你们”和目标“我”的控制关系,即(72a),在图 5.3 中表示为左下椭圆 $D_{被}$ 内粗线圆 A 和 T_1 通过实线箭头的连接。把字结构实际也编码执行体“你们”和目标“我”的控制关系,即(72b),在图 5.3 中表示为左下椭圆 $D_{把}$ 内粗线圆 A 和 T_2 通过实线箭头连接。

例 72:(72a)我被你们污染了。

(72b)你们把我污染了。

不考虑“被”“把”概念结构中的射体/界标安排(不同粗线圆标注为 tr/lm),它们实质是两个相同的控制关系。因此,例 64 实际来自这两个控制关系基于不同对应关系的概念交叉(虚线 i 和 ii)。虚线 i 指“被”“把”所代表的两个控制关系中执行体的对应关系和交叉。虚线 ii 则指“被”“把”所代表的两个控制关系中被控制的目标的对应关系和交叉。换言之,不论是在被动句(“我被你们污染了。”)还是在把字句(“你们把我污染了。”)中,“你们”均是执行体,“我”均是被控制的目标。基于此,它们所合成的概念结构就可被视为由“被”编码的控制关系叠加在由“把”编码的控制关系之上(即虚线 iii 和虚线 iv),从而构成了一个与前者完全相同的控制构型(即上方粗线椭圆 $D_{被/把}$)。

因此,将例 64 中的“把我”删掉构成单纯的被字句,即(72a)后,句子的意义几乎不会发生变化。这是因为,经合成的该控制构型同时也构成(72a)的概念描写。它们都以“我”为目标射体,“你们”属于被显影的概念成分。

从这个角度看,将“把我”看成是句子的冗余成分,也不是完全不合理。

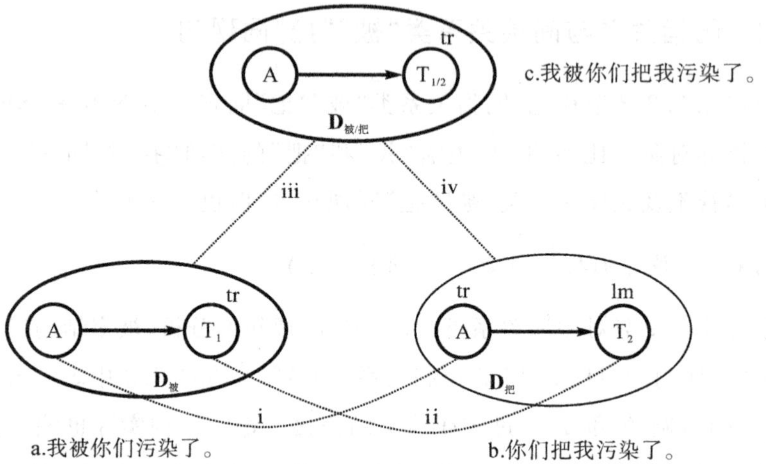

图 5.3　同指关系类“被”“把”同现句的概念合成

当然，例 64 和例 72 仍存在概念差异。和例 72 不同，例 64 通过被字结构（即“我被你们”）和把字结构（即“你们把我”）实现了对该控制关系的两次激活，从而更加凸显“你们”和“我”的控制关系。这在“把”的宾语以代词形式回指主语时表现得最为明显。比较例 36 和例 73（例句重述如下），后者比前者更能凸显主语被纳入控制。

例 38:（38a）本有一朵很美的睡莲，却被一个戴着眼镜的斯文老男人铺着石头把她摘走。(BCC)

（38b）别胡说！你还年轻，别就被一点病把自己给击垮了。(BCC)

例 73:（73a）本有一朵很美的睡莲，却被一个戴着眼镜的斯文老男人铺着石头摘走。

（73b）别胡说！你还年轻，别就被一点病给击垮了。

基于 5.3.2.3 节讨论，间接关系类“被”“把”同现句指 NP1 和 NP3 并不构成直接的语义关联。这一类型占比最少，可细分为两类：一类是 NP3 所指事物是 NP2 实施某个行为的对象，针对该对象的行为造成主语 NP1 处于某种不利或受影响的状态，如（65a）。另一类是 NP3 所指事物充当 NP2 实施某行为的工具，如（65b）。重述例句如下。

例 65：（65a）我被隔壁把热水器关了。（间接关系）

（65b）我被爹把一桶清水倒到头上。（间接关系）

这两小类“被”“把”同现句的共同语义特点是，“把”的宾语 NP3 是动词及其他相关成分所编码的事件的构成要素（即行为实施的工具和行为的对象），而该事件的发生使得主语 NP1 处于某个结果状态。也正是这个原因，例 65 中的“把一桶清水”和“把热水器”不能省略，如（74a）和（74b），这会造成由动词编码的事件结构的不完整，进而造成相应的被字句不合法。

例 74：（74a）*我被隔壁关了。

（74b）*我被爹倒到头上。

如果以上分析正确，“被”所编码的控制构型和“把”所编码的控制关系就是一个概念上的内涵关系（containment）（Langacker，2014），不会进行如图 5.2 和图 5.3 所示的概念合成。

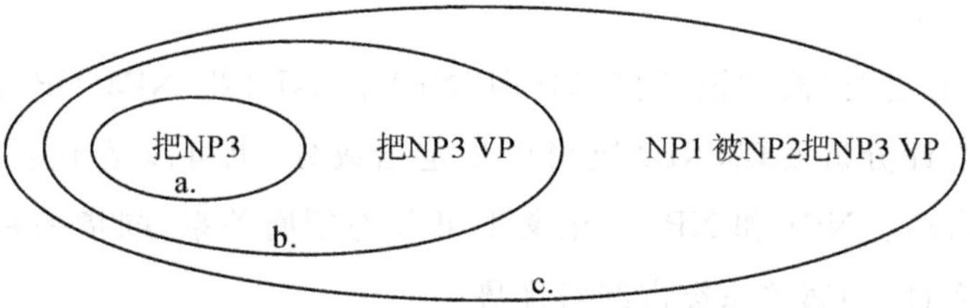

图 5.4　间接关系类“被”“把”同现句的包含关系

如图 5.4 所示，简单来说，“把一桶清水”“把热水器”是相关事件“爹用某工具倒我头上”和“隔壁关某个事物”的组成部分（椭圆 b 包含椭圆 a）。由此构成的事件“爹用一桶清水倒我头上”“隔壁关热水器”导致事件的实施者（即控制主体）“爹”“隔壁”将目标“我”纳入控制领地（椭圆 c 包含椭圆 b）。从这个角度看，尽管（65a）和（65b）在句法上也是“被”“把”同现的句法现象，但它们在概念层面呈现包含关系（比较图 5.2、图 5.3 和图 5.4）。

5.6 小结

本章主要讨论汉语被字结构和把字结构同现的句法现象，包括“NP1 被 NP2 把 NP3 VP”和“NP1 把 NP2 被 NP3 VP”两种句法格式，涉及这两种同现格式的构式地位、论元的句法表现，以及被、把字结构的概念合成三个问题。本章的主要观点如下。

首先，通过对 BCC 语料库的穷尽性检索发现，“把”“被”同现句是罕见的同现现象。作者在研究过程中经人工筛选共得到有效的“把”“被”同现句仅有 9 例。而且，从以往研究给出的例句和我们通过 BCC 检索到的例句比较看，“把”“被”同现句似乎有逐步消亡的趋势。与这一格式不同，“被”“把”同现句共计 466 例，在同现格式中数量占绝对优势。而且，两格式使用频率上的巨大差异也让我们推断，“被”“把”同现句具有发展为独立的语法构式的趋势。

其次，通过对“被”“把”同现句(即“NP1 被 NP2 把 NP3 VP”格式)的句法论元的统计分析发现，NP2 既可以是定指成分，也可以是不定指成分，且通常不会省略。NP1 和 NP3 在语义上可分为领属关系、同指关系和间接关系三类。而且，领属关系类占绝对优势。

最后，本章提出，现代汉语中把字句的认知基础是控制关系，表达执行体对目标对象的控制关系。这是古代汉语中实义动词“把”语法化的自然结果。具体而言，把字句显影执行体(即射体)对目标对象(即界标)的控制及因之造成的结果状态。又由于被字句的认知基础也涉及控制关系，因此被字结构和把字结构的句法组合就可以被视为它们所编码的两个控制关系基于不同对应关系的概念交叉。它们相通的认知本质使得这种概念交叉与合成成为可能。

第6章　被动“给”的认知基础

本章主要讨论被动“给”的认知动因和概念结构，以及它与其他被动标记（如“被”“让”“叫”等）的异同。被动“给”源自介词“给”的语义引申，而这又得益于介词“给”的特殊话题结构“NP1 给 NP2 VP”。被动“给”的概念结构可描写为执行体（通常为施事）通过某种行为将目标射体（通常为受事）纳入它的控制领地（即经验域），和由“被”引导的被动句具有几乎相同的概念描写，均可称为控制构型。

6.1 节简要介绍“给”的被动用法及研究背景与问题。6.2 节是对以往研究的回顾，包括对被动“给”的词性归属、句法结构、历时演变、语义功能和认知动因等方面的研究。6.3 节阐述双及物动词“给”和介词“给”的概念结构和认知关联，并提出了被动“给”的认知动因及其概念分析。6.4 节将被动“给”与典型的被动标记“被”进行比较，以期找出它们的异同点，并说明在某些情况下它们不能相互替代的原因。此外，本章还简要分析了被动“给”与被动标记语“让”“叫”的关系。6.5 节总结了本章的主要观点。

6.1　被动“给”的研究背景及问题

汉语典型的被动格式是被字句，即被字结构直接用作谓语的句子，如（1a）和（1b）。在（1a）中，受事“衣服”是主语，“被雨淋湿了”是谓语。

例 1：（1a）衣服<u>被</u>雨淋湿了。(CCL)

（1b）衣服<u>被</u>淋湿了。

除“被”之外，汉语被动句还可通过“给”来引导，构造出“给”字被动句。

比如,(1a)和(1b)中的"被"可以替换为"给",变成(2a)和(2b),表达的被动意义几乎不变,如例 2。(2a)中的施事被显性编码,属于长被动句。(2b)中的施事没有被编码,称为短被动句(熊仲儒,2011;刘畅,2018)。

例 2:(2a)衣服给雨淋湿了。(吕叔湘,1999)[227]

(2b)衣服给淋湿了。

一般认为,"给"是一个典型的双及物动词,表示事物的"给予"或"传递"。比如(3a),给予者"他"将原先拥有的事物"钱"传递给接受者"我"。此外,"给"也常被用作介词,用来引进某个接受者。比如,(3b)表示施事"他"建造房屋是为了接受者"我"(而不是自己)。

例 3:(3a)他给我钱。(CCL)

(3b)他给我造了一栋房子。(Langacker,2003)[271]

但是,"给"的被动用法非常特殊。从跨语言的角度看,英语、俄语及日语等语言都不存在这类现象。如例 4、例 5 所示,英语的双及物动词"give"和俄语双及物动词"даёт"均不能用来表达被动义。

例 4:(4a)They *gave* us Tshirts and stickers.(*Collins English Dictionary*)

(4b)*Clothes *gave* soaked by the rain.

例 5:(5a)Природа *даёт* человеку пищу.(千亿俄语在线词典)

自然　给　人类　食物

(5b)*одежда *даёт* намокла под дождем.

衣服　给　淋湿　由　雨

由此带来的问题是为什么汉语"给"可以用作被动标记?而且,不少学者(石毓智,2004;刘晋 等,2013 等)发现,在一些汉语方言中表示"给"的双及物动词也可以表示被动义,如山西交城话、湖北鄂东话,以及山西新绛话等。

汉语"给"的这一特殊用法也引起了不同语言学派的关注。以往的研究主要涉及被动"给"的词类归属(赵元任,1968;朱德熙,1982;吕叔湘,1999等),"给"从双及物动词到被动标记的演变过程(蒋绍愚,2002;木村英树,

2005；刘永耕，2005；刘云，2018 等），“给”的句法结构（熊仲儒，2011；Lin et al.，2015；胡建华 等，2015；叶狂 等，2016 等）及其语义功能（齐沪扬，1995；Newman，1996；Hui，2005；木村英树，2005；谢晓明，2010；孙庆芳，2013；刘畅，2018 等）。但是，针对被动“给”的概念结构、认知动因，以及它与“被”“让”“叫”等被动标记的异同却鲜有研究。为此，本章重点讨论两个问题：第一，被动“给”的认知动因和概念结构是什么。第二，“给”与其他被动标记“被”“让”“叫”的异同。

本章的研究思路是，首先分析“给”的动词用法和介词用法的概念结构与认知关联，找出它们与被动“给”的联系，进而提出被动“给”的认知动因与概念分析。其次，比较被动“给”与被动标记“被”“让”“叫”的概念异同，揭示汉语被动句的认知本质。我们首先来讨论一下当前对被动“给”的研究情况。

6.2　不同视角下的被动“给”

国内外学者对被动“给”进行了多角度的研究，加深了我们对被动“给”的理解。本节将从它的词性归属、句法结构、历时演变、语义功能和认知动因这几个主要方面对前人研究进行简要回顾。

6.2.1　被动“给”的词类归属

当前研究对被动“给”的词性归属进行了广泛讨论。然而，对于它到底是动词、介词还是助词，学界并未达成一致意见。一些学者认为，被动“给”具有自己的谓语结构，属于动词（赵元任，1968；Her，2005；Lin et al.，2015）。但是，被动“给”并不具备汉语典型动词的句法特征。例如，它们不能像典型的动词一样单独使用。比较（6b）和（7b），后者并不合法。

例 6：（6a）你走不走？

（6b）走。

例 7：（7a）他<u>被/给</u>人打了。

（7b）*<u>被/给</u>。

另外，如(6a)所示，汉语动词通常可以进入“V不V”格式，但被动“给”不能进入该格式，如(8b)。

例 8:(8a)他仿佛给人打了。(BCC)

(8b)*他给不给人打了?

典型的汉语动词可以重叠形成“VV”格式，用于表达暂时性或试探性行为，如(9a)。但是，如(9b)所示，被动“给”不能形成该格式。

例 9:(9a)她只是骗骗你。(CCL)

(9b)*他给给人打了。

最后，动词一般可以接时体助词如“了”“着”“过”，如(10a)。但是，被动“给”不能直接任何时体助词，如(10b)。

例 10:(10a)他踢了/着/过足球。

(10b)*足球给了/着/过踢。

综上，把被动“给”处理为动词并不是合理的选择。从语义出发，Lin和Huang(2015)提出，尽管“给”的用法多种多样，但它始终属于动词词类，表示向接受者传递某个事物的行为事件。但是，当“给”被用作被动标记时，没有任何事物被传递。比如，(11a)仅表示某个事物，即“它”正在“渗透”或“进入”受事“中国文化”，并没有任何事物被给予或传递。(11b)同样如此。

例 11:(11a)中国文化正在给它悄悄地渗透。(CCL)

(11b)一条大鱼给漏了。(CCL)

相比动词说，被动“给”的介词说更为普遍(朱德熙，1979;齐沪扬，1995;黄伯荣 等，1997;石毓智，2004)。朱德熙(1979)提出被动标记如“给”“被”“叫”及“让”都是介词，用来引进施事。该分析在一定程度上是受到英语被动句的启发。这些被动标记的功能相当于英语被动句用以引进施事的介词“by”(Her，1990)。

一般而言，介词必须接名词短语构成介词短语才能入句(吕叔湘，1999)。因此，如(12b)所示，介词“by”如果不接名词短语，相应的句子不合法。但是,被动“给”既可以接名词短语编码施事,也可以省略。它们分别构成长被动句和短被动句,如(11a)和(11b)。

例 12:(12a)The door was opened by me.(Langacker,2008a)[385]

(12b)*The door was opened by.

解决这一问题的办法是,假设被动标记如“给”和“被”属于两种不同的词类。它们在长被动句中是介词,在短被动句中是助词(徐丹,1990;吕叔湘,1999;张谊生,2001;李宇明 等,2005)。但是,这种双重词性假设有特设之嫌,且不利于对被动“给”的统一处理。李临定(1980)和周健(2011)指出,被动“给”的语法功能就是标记以受事等语义角色为主语的被动结构,因此,将其统处理为一类更为合理。

总之,对于被动“给”的词性归属目前尚未达成一致。对此,6.4 节会从认知语法的角度对该问题提出不同看法。

6.2.2 被动“给”的句法分析

和“被”一致,“给”字被动句也分为直接被动句,如(13a)至(13c),以及间接被动句,如(13d)。这类被动句也有长、短被动句之分(熊仲孺,2011;刘畅,2018)。长被动句的施事短语可以是完整的名词短语或代词(齐沪扬,2005),如(13a)和(13b)。短被动句的施事未被编码,可能是因为不需要表明,也可能是因为说话人并不知情(朱德熙,1983),如(13c)。

例 13:(13a)谨如小姐自幼已经给父母宠惯了。(直接被动句)(CCL)

(13b)牛给它咬了。(直接被动句)(CCL)

(13c)米全给蛀空了。(直接被动句)(CCL)

(13d)福特家的大草坪给人乱扔了许多垃圾。(间接被动句)(CCL)

既然被动“给”和“被”可以相互替换,且句子的被动义并未因此受到影响,可假设被动“给”和“被”具有相同的深层结构(熊仲儒,2011;胡建华 等,2015;Lin et al.,2015;南潮,2017)。但是,邓思颖(2002)提出,被动“给”与

“被”的句法结构存在差异。这是因为,“被”并非在任何情况下都可以用“给”替换。比如,“被”可以和一些动词搭配,构成复合词或固定短语,如(14a)。但其中的“被”均不能替换为“给”。

例 14:(14a)被教育者被传播者被逮捕人被统治阶级被打人被困人员(CCL)

(14b)*给教育者*给传播者*给逮捕人*给统治阶级*给打人*给困人员

而且,比较(15a)和(15b),在“被(叫/让) NP 给 VP”格式中,“给”也不能被替换为“被”。

例 15:(15a)你不要被/让/叫他给骗了。

(15b)*你不要被/让/叫他被骗了。

最后,如(16a)所示,“给”还可用于“把 NP 给 VP”格式,其中的“给”也不能替换为“被”,即(16b)。

例 16:(16a)我把大门给锁上了!(互联网)

(16b)*我把大门被锁上了!

但是,把被动“给”和“被”区分开来会带来一系列的问题。比如,“给”的句法性质到底是什么?我们究竟该如何看待“给”字被动句的深层结构?“给”字被动句和“给”的其他用法或表被动的“叫”“让”有怎么样的关系?不同学者从不同角度出发,对此进行了深入讨论。

叶狂、潘海华(2016)通过比较汉语“给”与斯拉夫语和罗曼史语中的“SE”发现“给”可以出现在和“SE”相似的八类句法结构中,如逆动化、被动化、中动化、动词拷贝句、焦点句等。因此,他们提出,在“给”所在的这八类结构中,直接宾语都不能处在原先的句法位置上,这与“SE”所在结构中的宾语移位类似。

基于该假设,“给”字被动句中的动词宾语会移至主语位置,并在原位置留下一个语迹(Her,2008;叶狂 等,2016)。Ting(1998)和 Huang(1999)认为宾语位置不一定为空。它可以由复指代词(resumptive pronoun)来填充，如(17b)。

例 17：(17a)张三被李四批了一顿。

(17b)张三被李四批了他一顿。

邓思颖(2002)讨论的是“被 NP 给 VP”结构。比如(18a)，其中的“给”有“受影响”之意。“给”之后的语迹可由复指代词来填充。这也是受事宾语在移位前的初始位置。

例 18：(18a)市场都被你们给占了。(CCL)

(18b)市场都被你们给(它)占了。(CCL)

对于上述观点，不少学者也提出了质疑。刘永耕(2005)和颜力涛(2011)等提出“给”之后的语迹也可以是接受者，如例 19。这样的句子关系到“被”字结构和“给”字结构的组合问题，这会在 6.4.1 节讨论。

例 19：不久，他……行为就被人给班主任揭发了。(互联网)

也有学者看到了“给”不同用法之间的关联，提出与包括被动“给”在内的所有“给”的用法相关的是双及物结构(Washio，1993；Huang，1999；胡建华 等，2015；Lin et al.，2015)。Lin 和 Huang(2015)提出，尽管用法不同，但“给”(包括被动“给”)始终是双及物动词。“给”的不同意义源自它所在的句法结构，以及与之共现的不同成分的意义。

同样，胡建华、杨萌萌(2015)认为，“给”和“叫”“让”能够同时出现在致使结构和被动结构中，它们都是双及物动词。实际上，“给”和“叫”“让”本身并不具有致使或被动义。致使或被动义来源于它们所投射的双 VP 结构。具体来说，双 VP 结构由两个抽象的动词组成。一个是动词“给”“叫”或“让”，另一个是动词“有”。这种双 VP 结构可以描写为“$[_{VP1}$ NP1 V$[_{VP2}$ NP_2 $V_{有}$ NP3]]”，其中两个抽象的动词 V 和 $V_{有}$ 分别引入间接宾语和直接宾语。由于汉语允许宾语省略的情况出现，所以间接宾语和直接宾语都可以省略。他们据此提出，只有能够投射为双 VP 结构的动词才能够用于致使结构和被动结构。但是，6.2.1 节提到，被动“给”不具备汉语典型动词的句法特征。

因此，将其看作是双及物动词十分牵强。

6.2.3 被动“给”的历史演化

一般认为，现代汉语中“给”的不同用法起源于表示“给予”的动词用法（刘畅，2018）。但是，对这些不同用法的演变路径还存在很大的争议。潘允中（1982）、张惠英（1989）等认为“给”字被动句继承自“吃”字被动句，如例20。“吃”在现代汉语中已不再使用，该词逐步演变为“给”。

例 20：连累我们也吃你说了几声。（施耐庵《水浒传》）

但是，江蓝生（2000）不认可这一观点。他指出，被动“吃”的最早书写形式是“喫”，和“给”的读音相差甚远。李炜（2002）等认为，普通话中“给”的被动用法受到南方方言中的被动标记“吃”的影响。不可否认，某种语言可能会因语言接触而造成某个词产生某种特殊用法，或者产生某个特殊句法现象。但更重要的是，这样的特殊用法或特殊的句法现象也必定还有所在语言系统自身的依据（Langacker，1987；Taylor，2004a）。

鉴于此，还可假设被动“给”起源于“给”的使役或容许用法，如（21）（徐丹，1992；江蓝生，2000；蒋绍愚，2002；洪波 等，2005；刘永耕，2005；张丽丽，2006）。这个假设的一个证据是，使役结构与被动结构密切相关。比如，汉语的“让”“叫”及法语的“*faire*＋V”结构，都有使役和被动两种意义（徐丹，1992）。

例 21：给他多休息几天。（吕叔湘，1999）[225]

张丽丽（2006）指出，“给”的演化路径与“让”“叫”一致，即从使役义到非自愿的允让义，最后发展为被动义。蒋绍愚（2002）提出，使役“给”发展为被动“给”需要三个条件：（1）相应结构中的主语是动词的受事；（2）动词编码的事件具有完成性；（3）核心动词必须具有及物性。洪波、赵茗（2005）进一步解释了为何其他使役动词，如“命”“请”“派”等，不能发展成被动标记。他们提出，只有使动义最弱、对施事依赖性最弱的词才可能演化为被动标记。“命”“请”“派”等都属于具有强烈使动义的命令动词，因而不能发展为被动标记。

同样，孙庆芳(2013)认为“给”的使役用法和被动用法关系密切。在“给”的使役用法中，致事会为其他参与者(如役事)提供执行某行为的时机或环境。比如例21，可假设存在某个致事许可役事“他”休息。她认为，当“给”的使役义不断增强时，就会可发展成为被动标记。

以上假设带来的问题是：如果“让”“叫”和“给”具有完全相同的演化路径，它们理应具有相同的句法格式。但是，“让”和“叫”一般只能用于长被动句，不能用于短被动句。而“给”既可以用于长被动句，也可以用于短被动结构(石毓智，2004；宋文辉 等，2007；杨晓明，2017)。比较(2a)与(2b)(例句重述如下)，(22a)与(22b)。

例 2：(2a)衣服给雨淋湿了。(吕叔湘，1999)[227]

(2b)衣服给淋湿了。

例 22：(22a)衣服让/叫雨淋湿了。

(22b)*衣服让/叫淋湿了。

杨晓明(2017)提出，当“给”用作使役动词时，其后可以省略宾语，如(23a)和(23b)。当“叫”表示使役时，其后的宾语不能省略，如(24b)。当它们发展为被动标记时，这一句法特征得以保留。因此，在相应的被动句中，“给”的施事宾语可以省略，而“叫”的施事宾语不能省略。

例 23：(23a)养老金为什么不给报呢？(杨晓明，2017)[120]

(23b)……点了个香酥玉米粒，里面有很多鸡蛋皮，后来找了经理才给换的。(杨晓明，2017)[120]

例 24：(24a)猴子的表现叫所有人惊呆了，它出色的球技征服了所有的人。(杨晓明，2017)[119]

(24b)*猴子的表现叫惊呆了。

但是，(23a)和(23b)中的“给”是否表达使役有待商榷。直觉上，这两句中的“给”可以理解为“为……而受益”，与标记受益者的介词用法接近。而且，6.3.3节会提到，使役义在“给”和“叫”“让”的多义网络中处于完全不同的地位。使役义是“叫”“让”的核心意义，但它是“给”的边缘意义。从基于使用的视角下分析，是否会从“给”的边缘意义发展出被动义值得怀疑。

对此，刘云(2018)提出了一个折中的处理办法。他认为，短被动句中的“给”源于它的介词用法，而长被动句中的“给”源于它的使役用法。换言之，双及物动词“给”向被动标记的演变有两条路径。第一条路径是从给予义发展为“可控让的允许”，表示自愿控制和允许事情发生。该意义随后又发展为“不可控让的允许”(即对事件无法进行主观控制)。最后，在其他被动标记，如“被”“让”和“叫”的影响下，“给”发展为被动义，用于长被动句。第二条路径可归结为句法上的重组，即介词“给”的宾语(表示受益人或被害人)被省略，从而允许其用于短被动句。

然而，木村英树(2005)对以上观点提出了疑问。他认为，在北京方言中，“给”从未发展为成熟的“致使”或“允许”动词，因而不可能从这种用法中演变出用于长被动句的被动用法。刘晋、邓云华(2013)认为致使句和被动句中的动作或能量流动方向是完全不同的。例如，(25a)是致使句，施事主语“the father”对受事宾语“John”施加了作用力。因此，作用力的方向是从左(“the father”)到右(“John”)。对于被动句，即(25b)，事件的受事“John”是主语，因此作用力的方向是从右(“the father”)到左(“John”)。

例 25：(25a) The father made John paint the wall.(刘晋 等，2013)[126]

(25b) John was asked by his father to brush the wall.

鉴于此，刘晋、邓云华(2013)认为，假设“给”的被动用法从使役用法发展而来的观点有商榷之处。需要补充的是，对于同一语法成分假设两条不同的演化路径是否具有语言上的普遍性也存在疑问。在6.3节中，我们将具体探讨被动“给”的演变路径。

当然，有学者还假设长被动句中的“给”源自短被动句中的“给”(李宇明、陈前瑞，2005)，即“给 NP VP”演变自“给 VP”。而被动结构“给 VP”来自“给”的处置用法，如例26。但是，根据刘云(2018)的研究，“给”字长被动句出现的时间要早于“给”字短被动句。

例 26：杯子是飞出门儿去了，……来了这个人，双手给抱住了。(文康《儿女英雄传》)

木村英树(2005)提出，被动“给”源自介词“给”引进受益者的用法。介词“给”用于引入的受益者，这和“给”字被动句中的“给”用来引入施事存在紧密的语义联系。Newman(1996)持大致相同的观点。他指出，受益也是实施某个行为的原因。换言之，介词“给”所接的宾语对象不仅是行为的受益人，还是行为的执行体。我们赞同这一观点，并将在 6.3 节进行深入讨论。

最后，有些学者提出双及物动词“给”和被动“给”之间存在直接关联(石毓智，2004；刘晋 等，2013)。石毓智(2004)认为从双及物动词“给”到被动“给”的演变不需要经过任何中间阶段。双及物动词“给”本身可以为被动“给”的发展提供合适的句法环境。这是因为，双及物动词“给”可以和其他动词结合形成连动结构。比如例 27，“给”仍然是一个表达“给予”或“转移”义的动词，不是被动标记。

例 27：那碗肉给兰小子吃去。(曹雪芹《红楼梦》)

随着这种连动结构的长期使用，“给”对上下文的依赖性就会逐步降低，并进一步用于表达已经发生的事件。此时，整个句子就可以理解为被动句，如例 28。

例 28：那碗肉给兰小子吃了。

我们认为，对被动“给”的演变既需要考虑概念层面的变化，也需要有历时证据。根据收集到的语料，被动“给”要比例 27 中的“给”出现得更早。6.3 节将论证被动“给”和介词“给”存在紧密的语义关联。

综上所述，历时演化研究旨在给出被动“给”的语法化分析。尽管在具体的演化路径上仍存在一些争议，但这些研究为本书解释“给”不同用法的语义和句法关系提供了思路。

6.2.4 被动“给”的意义和功能

本节主要回顾被动“给”的意义、功能，以及语法化的动因。实际上，对这些问题的讨论又与“给”和其他被动标记，如“被”等的异同有关。原因是，尽管“给”也可以表示被动，但它与其他的被动标记，如“被”“叫”或“让”有区别（祁文娟，2009；谢晓明，2010；刘利红，2012；杨晓明，2017；刘畅，2018）。

对于被动“给”的意义，刘畅（2018）认为，它表示受事主语受到施事所执行的动作的控制或影响，其状态发生了非自主变化。比如例29，受事“狗”受到施事执行的动作“杀”的影响，它的状态从“活着”转变为“死亡”。

例 29：(29a)他的两只心爱的狗也给杀掉了。(马骏《希特勒(下)》)

(29b)他的两只心爱的狗也给土匪杀掉了。

但是，由于被动用法只是“给”的多种用法之一，因此不像“被”那样自由（齐沪扬，2005；谢晓明，2010；刘畅，2018）。对此，谢晓明（2010）给出了“给”用作被动标记的三个限制条件。

第一个条件是，“给”必须接 VP，而且其中的 V 必须是及物动词。第二个限制涉及句法论元 NP 的数量及其句法位置。如果句中只有一个 NP，它必须先于“给”，否则就是一个引进接受者的介词用法。比如，(30a)中的唯一句法论元“苹果”位于“给”之前，因而该句是被动句。但是，(30b)中的唯一句法论元“小王”位于“给”之后，因而用于引介接受者。

例 30：(30a)苹果给吃了。(谢晓明，2011)[46]

(30b)给小王吃了。(谢晓明，2011)[46]

第二，如果句中有两个句法论元 NP，那么主语 NP1 必须比宾语 NP2 的施事性弱。例如(31a)，尽管“牛”和“赶牛的人”都可以执行“踢”的动作，但该句通常会被解读为被动句。原因是，“赶牛的人”的能动性高于“牛”，因此“赶牛的人”更倾向于执行“踢”的动作。但是，对于(31b)，“我”和“你”的施事性完全相同。因此，这句话存在两种解读。一种是“我被你说的话弄糊涂了”，另一种是“我把你说糊涂了”①。

例 31：(31a)牛给赶牛的人踢了一脚。(谢晓明，2011)[47]

(31b)我给你说糊涂了。(谢晓明，2011)[48]

第三，动词短语 VP 必须编码已完成的行为。例如，(32a)中的“吃”不表示完成，因此该句表示“给他饭吃”，而不是“饭被他吃”。但在(32b)中，“吃了”描述完成的行为动作。因此该句是被动句，表示“饭被他吃完了”。

例 32：(32a)饭给他吃。(谢晓明，2011)[46]

(32b)饭给他吃完了。(谢晓明，2011)[46]

另一个被广泛讨论的问题是被动“给”与其他被动标记之间的功能差异(刘利红，2012；祁文娟，2009；邓思颖，2002)。刘利红(2012)认为，被动“给”的语法化程度低于其他被动标记“被”“叫”或“让”。与“被”不同，“给”主要用于口语而不是书面语。祁文娟(2009)提出，和“被”“叫”“让”比较，“给”表达的意义更客观。“给”字被动句中，说话人关注受事与施事之间的互动关系，并对其进行客观描述。

但是，基于语料库的“给”和“被”的对比研究否定了这一观点。Hui(2005)指出，被字句更倾向于在中性和积极的情况下使用，而“给”字被动句更倾向于在消极的情况下使用。Xiao、McEnery 和 Qian(2006)也持基本相同的观点。他提出，与被动“给”相比，“被”更常在中性情况下使用。本书也支持这一观点。从我们检索的语料分析看，被字句倾向于在中性情况下使用，而“给”字被动句倾向于在非中性情况下使用。

最后一个常被关注的问题是被动“给”语法化的动因。Bouveret(2012)、Peyraube(2015)及 Badan(2021)等提出，在汉语中，“方向性”是促使双及物动词“给”语法化为介词“给”和被动“给”的重要维度。比如，在(33a)中，“给”的接受者“猫”处于行为动作的“末端”，其方向是从施事“我”到对象的接受者“猫”。但是，在(33b)中，“猫”被解读为行为“吃”发起的施事者，其方向从

① 该解读中的“给”实际表达类似“把”的处置义。

受事“鱼”到行为的发起者“猫”。

例 33:(33a)我给了猫鱼。

(33b)鱼给猫吃了。(Peyraube,2015)[61]

Newman(1996)提出被动“给”的产生主要有两个动因。首先是双及物动词“给”和被动“给”之间存在语义关联。比如例 34,“给”仍然是一个动词,“我”是接受者,充当“给”的宾语。同时,“东西吃”是一个倒置的动宾结构,也是这个句子的组成部分。而且,“我”充当“吃”的施事主语。正是这种“给”的用法促使被动“给”施事标记功能的出现。

例 34:他给我东西吃。

另一个动因是介词“给”和被动“给”之间的语义关联。Newman(1996)提出,介词“给”用于引介受益者,即从某种行为中受益。也正是因为能够从中受益,施事才会执行该行为。例如,对于(35a),因为缺少受益者,即“病人”,“他”无需实施“治病”的行为。(35b)同样如此。因为缺少受益者,即“我”,施事也无需“开门”。换言之,受益者“病人”或“我”被看成是相应施事执行某个行为的原因。Newman(1996)进而认为,“给”的宾语受益者角色与施事角色存在一定程度的相似性。对此,我们也赞同,对 6.3 节会进一步说明。

例 35:(35a)他给病人治病。(吕叔湘,1999)[226]

(35b)他给我开门。

由于以上语义关联,Newman(1996)提出,被动“给”的功能是标记施事。这实际上是把被动“给”和“被”的功能统一起来。对此,Hui(2005)更进一步提出,“给”与“被”的接受义具有相同的概念基础,它们都表示能量沿动作链的流动,从而都会派生出被动结构。换言之,正是原动词“给”和“被”在相应事件结构中的接受者角色才可能促成被动“给”和“被”的出现。

以上研究为我们认识被动“给”的意义、功能及动因等问题提供了思路。6.3 节和 6.4 节将讨论被动“给”的概念结构应如何描写,它和其他被动标记有怎样的异同等一系列问题。

6.3　被动"给"的认知动因和概念结构

本节讨论被动"给"的认知动因和概念结构。6.3.1 节和 6.3.2 节主要介绍"给"的两种用法(即双及物"给"和介词"给")的概念结构,以及它们的联系。以此为基础,6.3.3 节讨论被动"给"引申自介词"给"的动因。6.3.4 节分析被动"给"的概念结构及和它相关的语法构式。

6.3.1　双及物动词"给"的概念描写

一般认为,"给"的各种用法源自该词表示"给予"的动词用法(Newman,1996;Fagerli,2001;Langacker,2003;刘畅,2018)。由于"给予"行为通常包括三个参与者,即施事或给予者、接受者和被转移物,因此"给"常用于双及物结构,如(36a)至(36f)。

例 36:(36a)比尔,给你一件礼物,叫"微笑寿司"。(CCL)

(36b)马威给了父亲些东西。(CCL)

(36c)所以在自由与平等之前,可不可以先给我们面包和牛奶呢?(CCL)

(36d)如果不听话,你就不给它们吃的。(CCL)

(36e)是你给了我幸福的生活。(CCL)

(36f)你不要给读者这样的印象。(CCL)

(36a)至(36f)包含两个宾语论元。以(36a)为例,"你"和"一件礼物"都是"给"的宾语。这种用法可被视为"给"的初始用法。实际上,在《史记》和《战国策》中已有相近的例子,如例 37。

例 37:(37a)今受鱼而免,谁复给我鱼者。(司马迁《史记》)

(37b)始高祖微时,有急,给高祖一马,故得侯。(司马迁《史记》)

(37c)孟尝君使人给其食用,无使乏。(刘向《战国策》)

该用法在现代汉语中也最为常见。根据 2.1 节提出的构式网络假设,可将“给”的不同用法处理为构式网络。“给”的双及物动词用法可看成是该网络的典型成员(Newman,1993;Langacker,2003)。

该用法表示一个“给予”事件,可被视为两个子事件。以(36a)为例,一个子事件指给予者“比尔”把“一件礼物”传递给接受者“你”。另一个子事件指接受者“你”接受了“一件礼物”(Newman,1996;Fagerli,2001)。同时,“给予”行为也导致对“一件礼物”的控制权或占有权的变化,即从给予者“比尔”转移至接受者“你”。

实际上,“给予”行为是普遍存在的行为模式,来自人与人互动的基本体验。比如,以上对双及物动词“给”的概念描写同样也适用于英语中的双及物动词“give”,如例 38。

例 38:They gave us T-shirts and stickers.(*Collins English Dictionary*)

而且,不论是“给”还是“give”,这一概念结构可看作是它们的典型意义。Fagerli(2001)指出,“给”或“give”还会通过隐喻引申出其他意义。常见的情况是,传递的对象可以从实在的事物扩展至抽象的实体(Hui,2004),如例 39。

例 39:(39a)老师给了我一个好主意。(Hui,2004)[9]

(39b)党给了我温暖。(CCL)

(39c)它更能给人以精神的满足。(CCL)

(39d)这是生活给你的挫折教育。(CCL)

对于(39a),“一个好主意”是存在于“老师”头脑中的抽象实体。该句表示,“老师”把“好主意”告知了“我”。通过(39a),这个“告知”事件被隐喻为“给予”事件。此时,主语“老师”成为给予者,“我”是接受者,“老师”头脑中的“好主意”成为传递给“我”的对象。该对象进入到“我”的头脑中意味着“给予”事件的达成。对于(39b)至(39d),传递的对象涉及物质满足、言语激励或精神支持等,属于抽象且复杂的实体。

鉴于此,例 39 中各句所示“给予”事件可被视为传递物在两个认识域或经验域之间的转移。也就是说,传递物(即待告知的信息、感受、经验等)从给予者的认识域或经验域通过某种方式传递至接受者的认识域或经验域。

不论是例 36 还是例 39 各句，它们都可看作是描写“给予”事件。它们的差异在于“给予”事件发生的认知域不同，它们可能是空间域，也可能是认识域或经验域。这些不同的认知域可看作是个体通过身体接触、社会互动、心理控制或影响的范围或控制域(Langacker，2002)。这样的控制域可以是物理空间，如(36a)，也可以是感知或经验，如(39b)至(39d)，还可以是心理或认识，如(36f)和(39a)(Langacker，2003)。

基于以上讨论，双及物动词“给”的概念结构可表示为图 6.1(Langacker，1991、2008a)。它包含三个参与者，即施事(或给予者)、传递物和接受者。施事(圆 A)对处于其控制域(左椭圆 D)的传递物(圆 T)施加某种作用力，使其进入接受者(圆 R)的控制域(右椭圆 D)内。其中，双线箭头指施事施加的作用力，单线箭头指传递物在两个控制域之间的移动，虚线指它们之间的对应关系，单线箭头指接受者对传递物的控制关系。

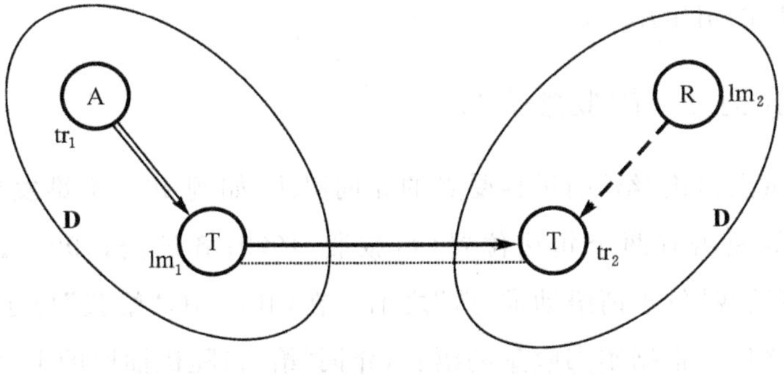

图 6.1　双及物动词“给”的概念结构

值得注意的是，图 6.1 所示三个参与者的凸显程度不同。其中，施事最为凸显，充当整个“给予”过程的射体(即主语)(圆 A 标注为 tr，粗线为显影)。传递物和接受者次之，充当该过程的两个界标(圆 T 和 R 分别标注为 lm_1 和 lm_2)(庞加光，2016)。以(36a)为例，施事射体是“比尔”。传递物“一件礼物”和接收者“你”充当界标。

基于第 2.2.2 节的分析，句子可显影过程关系。射体作为最为凸显的参与者充当被定位、评估或描述的对象(Langacker，2003)。其他主要参与者的凸显程度不如射体，因而充当界标。它们分别和相应的名词短语进行概念交叉，从而实现为主宾语（庞加光，2016）。这里的问题是，同为界标，（36a）中传递物和接受者（圆 T 和 R）的凸显地位有何差异。

Newman（1993）认为，对于（36a），接受者“你”应被视为首要界标（primary landmark），即直接宾语（圆 T 标注为 lm_1），传递物“一件礼物”应被视为次要界标，即间接宾语（圆 R 分别标注为 lm_2）。这是因为，接受者“你”可以紧随“给”出现，处在直接宾语的位置。

需要强调的是，图 6.1 对“给”的概念描写涉及传递物在两个控制域之间的转移。这一概念特点在一定程度上决定了“给”的被动用法。此外，出于讨论方便，图 6.1 省略了较多细节信息，如施事实施给予行为的意图性，施事和接受者的社会关系，给予行为带给接受者的益处等。这些方面的知识属于“给”的百科知识层面，也会影响双及物的一些引申用法。特别是，在“给”的语法化过程中，这些知识会以不同程度得以保留（Langacker，2003），进而影响到“给”的引申用法。

6.3.2 介词“给”的概念描写

本节重点讨论“给”引进接受者的介词用法，如例 40。不难发现，由介词“给”引导的短语有两个句法位置（吕叔湘，1999；齐沪扬，1995）。比如，在（40a）中，“给我”位于谓语动词“造”之前。在（40b）中，“给我”位于谓语动词所接宾语之后。根据本书收集的语料，介词“给”在随机抽取的 1 万例句中占比为 49.4%。这说明，介词“给”在现代汉语中具有相当高的使用频率，是“给”的核心意义之一①（Rosch，1975；Rosch，1978；Langacker，1991）。

例 40：（40a）他给我造了一栋房子。（Langacker，2003）[271]

（40b）他造了一栋房子给我。

（40c）可惜我不能给您唱歌了。（CCL）

---

① 判断是否为一个范畴的中心成员的一个重要标准是使用频率。然而，到底是双及物动词“给”还是介词“给”是最典型的成员与本书提出的主要论点关系不大，因此这里没有做具体区分。

(40d)我小时候睡不着，我妈便在我床边儿唱歌给我听。(CCL)

(40e)为了给孩子看病，他花掉了全部积蓄。(CCL)

(40f)要病人起床做饭给你吃。(CCL)

(40g)这种人你能派他送信给加西亚吗？(CCL)

一般而言，区分动词和介词的依据是，是否可以接时体助词“了”“着”或“过”。动词可以接这些成分，介词不能直接这些成分。比如，在(40a)中的“给”之后插入这些时体成分后句子都不合法，如(41b)。

例 41：(41a)*他给了/着/过我造了一栋房子。

(41b)他造了一栋房子 | 给了我。(“|”指短暂停顿)

但是，朱德熙(1975)、Newman(1993)等认为，(40b)中的“给”是动词。证据是，其后可插入时体助词“了”，如(41b)。我们认为，该证据值得商榷。原因是，(41b)和(40b)的意义并不相同。前者实际描写两个相关联的事件，即“他造了房子”“他把造的房子给了我”。这意味着(41b)可被视为两个独立的小句，即“他造了房子”和“他给了我房子”。因此，在语音层面，在“他造了房子”和“给了我”之间通常会有一个短暂的停顿。与之不同，(40b)描写单一事件，即“他”出于“我”的利益而“造了一栋房子”。换言之，该句表示“他”造房子的目的是为“我”服务。“房子”是否已给“我”并不确定。如译为英文，此处的“给”可翻译为“for the benefit of”或“on behalf of”。鉴于此，本书也将(40b)中的“给”视为介词。

当然，这里并不是否认“给”的动词用法和介词用法的关联。有证据表明，它的介词用法引申自它的动词用法(Fagerli，2001；Langacker，2003；木村英树，2005；刘云，2018)。刘云(2018)认为，在 18 世纪早期，介词“给”就已存在并被广泛使用，比如来自《满汉成语对待》和《红楼梦》的例子，即例 42。

例 42：(42a)再不肯给人留分儿。(刘顺《满汉成语对待》)

(42b)给人按名儿。(刘顺《满汉成语对待》)

(42c)来了这里，没的给姑奶奶打嘴。(曹雪芹《红楼梦》)

(42d)我把你的腿不给你砸折了呢。(曹雪芹《红楼梦》)

(42e)我还给他破坏呢。(曹雪芹《红楼梦》)

例42说明，“给”在当时已被语法化为介词(齐沪扬，1995；吕叔湘，1999；刘云，2018)。汉语属于典型的孤立语，缺少形态上的变化。动词和介词在词形和使用上有时难以区分。汉语的这一特点无疑是促使动词“给”向介词“给”演变的重要因素(Newman，1996)。

介词“给”的概念功能是通过所接宾语向句子所编码的事件中引介一个接受者。(40a)和(40b)中的接受者是“我”。由于“我”会从“他造房子”的事件中获益，因此该角色也可以称为受益者(beneficiary)。“接受”和“获益”可看作是看待该角色的两个不同角度。Newman(1996)指出，这两个角度都是该角色百科知识的一部分。另一方面，接受者并不总是能够从相关事件中获益。在某些情况下，它也可能是受损者。比如(42d)，“你”显然会因施事“砸折腿”的行为而受到伤害。

这里要说明的是，接受者属于“受益”或“受损”并不来自“给”或“给”所接的宾语对象。这一概念特征来自核心动词(或相关成分)所编码的动作行为。比如(43a)至(43c)，“我”都是介词“给”的宾语。对于(43a)，由于“买糖果”可让“我”受益，因此“我”属于受益者。对于(43c)，“翻白眼”会让“我”受损，因此“我”属于受损者。而对于(43b)，“看头像速写”通常既不会让“我”受益，也不会让“我”受损，因此“我”难说是受益者还是受损者。但是，介词“给”的意义并未变化，都指施事“他”出于为了“我”的目的，而实施某个行为。有鉴于此，可将介词“给”的功能概括为引介接受者[①]。

例43：(43a)他<u>给</u>我买了糖果。(CCL)

(43b)他<u>给</u>我看一张女孩头像的速写。(CCL)

(43c)他<u>给</u>我翻了个白眼。(互联网)

---

① 需要说明，一些研究(吕叔湘，1999；Fagerli，2001等)仅将以传递动词如“送”“寄”“换”等为核心的句子中的“给”看成是引介接受者，如“我送了一份礼物给她”。对于(43a)，由于“给”的宾语对象从动词及相关成分所编码的事件中受益，“给”此时可称为引介受益者的标记。而对于(43c)，由于“给”的宾语对象从动词及相关成分所编码的事件中受损，“给”此时可称为引介受损者标记。接受者标记、受益者标记和受损者标记被认为是“给”的三种不同用法。本书将它们统一概括为引介接受者，不区分是否受益。

如上所述，作为 18 世纪初产生的新用法，介词“给”作为介词的用法是其双及物动词用法的引申。它们之间的关系可概括为图 6.2。

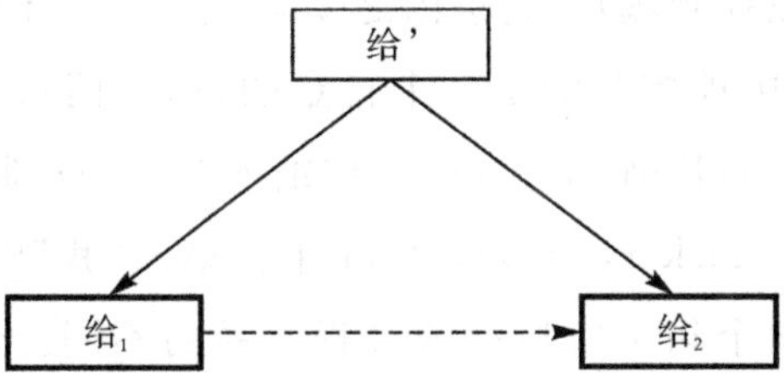

图 6.2 双及物动词“给”和介词“给”的范畴化关系

如图 6.2 所示，方框代表“给”的不同意义。简单来说，“给”的双及物动词用法，即“[$给_1$]”和介词用法“[$给_2$]”都是抽象的范型“给”，即“[给’]”的中心成员（方框粗线它们的固化程度，实线箭头指例示关系）。同时，它的介词用法（“[$给_2$]”）还与双及物动词用法（“[$给_1$]”）存在引申关系（即虚线箭头）。

对于“给”的介词用法，Newman（1996）认为，这和双及物动词“给”所指“给予”行为中与接受者关联的概念特征有关。这些特征包括：接受者在动作链中处于末端位置，接受者会受益或受损，接受者对传递物进行控制等。这些特征及施事执行给予行为的目的性在双及物动词“给”的语法化过程中得以保留，这促使更为抽象的介词“给”的产生。

和它的双及物动词用法不同的是，“给”的介词用法本身并未编码给予行为（即显影一个事物传递的过程），而是描写句中核心动词所编码的行为的目的，即出于宾语接受者的利益或为其服务。此时，涉及“给予”过程的时间维度被背景化。这也是“给”的动词用法和介词用法的主要区别（Newman，1996；Fagerli，2001）。以（40a）为例，该句描写“他造房子”这一事件，而介词短语“给我”表示实施该事件的意图是出于“我”的利益，而不是其本人，即“他”的利益。在概念上，这可视为介词短语“给我”将“他造房子”纳入宾语接受者“我”的控制域。例句重述如下。

例 40：（40a）他给我造了一栋房子。(Langacker，2003)[271]

基于以上分析，“给”的双及物动词用法和介词用法既有相同的一面，也有不同的一面。相同的是,"给"的宾语对象在一定的程度上都可以被视为接受者,在概念上都指某个参与者作为界标将某个实体(即事体或过程)纳入它的统治领地(或控制域)。它也因之受益或受害。不同的是被纳入控制的实体。介词用法中被控制的是某个特定的过程,而双及物用法是某个特定的事体。比较(40a)和例 44,(40a)中被纳入"我"的控制域的是"造了一栋房子"这一过程(Langacker,2003),例 44 中被纳入"我"的控制域的是"一栋房子"。这也导致两个句子所显影的过程关系的不同。(40a)显影"他造房子"的施受作用过程,而(44)显影"他给我房子"的给予过程。

例 44:他<u>给</u>我一栋房子。

基于以上分析,"给"的介词用法可以表示为图 6.3。

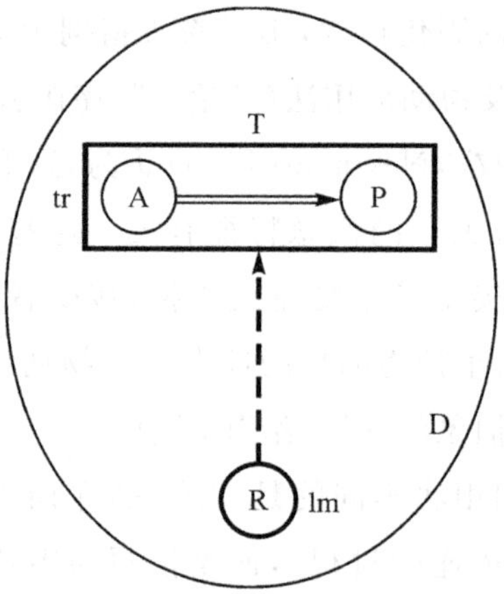

图 6.3　介词"给"的概念结构

如图 6.3 所示,介词"给"显影某个特定的过程(粗线方框)和接受者(圆 R)的控制关系(连接二者的粗虚线箭头)。该过程由核心动词编码的事件充当射体(方框标注为 tr),接受者充当这一关系的界标,介词宾语(圆 R 标注为 lm)。细线外椭圆 D 指接受者的控制域。相应过程位于接受者的控制域,意味着被接受者在身体、心理、社会或经验层面上被控制。

这里仍以(40a)为例,介词短语"给我"来自"我"和图 6.3 所示接受者界标的概念交叉，显影某种过程关系。“造了一个房子”和“给我”的组合在概念上是前者所显影的过程（即“造房子”这一事件）和后者的射体进行概念交叉，并合成为复杂结构“给我造了一个房子”。该结构显影这一过程“造了一个房子”（即为显影决定体），并以该过程和“我”的控制关系为基座。

比较图 6.3 和图 6.1，“给”的介词用法和双及物动词用法均以接受者为界标。比如(40a)和例 44，其中“我”都是“给”的宾语（例 44 实际为间接宾语），都会将某个对象纳入控制（即图 6.3 中圆 R 所在椭圆 D）。

不同的是，双及物动词用法显影某个事物被“给予”或“转移”的过程，即随时间的延续而发展的关系。因此，时间维度是其中的凸显部分。但是，(40a)中的介词“给”显影非时间性关系，即时间维度并不是其中的凸显部分。整个句子显影的是“他造房子”这一过程关系。“给我”的概念功能是明确了这一过程的接受者“我”，即“他造房子”是出于“我”的考虑。这一过程作为“给”的射体成为句子所显影的过程。

本节假设“给”的介词用法引申自它的双及物动词用法，并且给出了这两种用法的概念描写。6.3.3 节提出“给”的被动用法引申自它的介词用法。这一看法不同于以往的观点，即该被动用法派生自“给”的使役用法，和“让”“叫”的被动用法一致（徐丹，1992；蒋绍愚，2002；洪波 等，2005；刘永耕，2005；张丽丽，2006）。

6.3.3　被动“给”和介词“给”的引申关系

6.1 节提到，“给”的被动用法非常特殊。在英、俄、日、泰等语言中，典型的双及物动词都不会发展为被动标记。按常理推断，一个新的用法不可能凭空出现，它的出现总有其动因。本节提出“给”的被动用法引申自它的介词用法。

如例 40 所示，介词短语“给 NP”所在的句法环境非常灵活。较为常见的情况是，“给 NP”位于主语和谓语动词之间，如(45a)至(45d)。

例 45：(45a)我给班头打电话。(BCC)

(45b)他把战士的冷暖挂在心上，晚上给战士盖被子。(BCC)

(45c)她给儿子买了一套数学软件。(BCC)

(45d)还有个生产队,不给外来户分责任田。(BCC)

与之相关的一种情况是,例 45 各句的谓语动词所接的宾语可以位于句首充当话题,同时省略句子主语,从而构成一种较为特殊的话题结构(吕叔湘,1999)。比如,例 45 各句都可以变换为例 46。此时,句首的宾语如“电话”“被子”等成为整个句子的话题。

例 46:(46a)电话给班头打了。

(46b)被子晚上给战士盖了。

(46c)一套数学软件给儿子买了。

(46d)责任田不给外来户分了。

搜索 CCL 语料库发现,这样的句子不在少数。而且,部分句子还存在歧义,如(47a)至(47d)。其中的“给”既可以解读为引介接受者(即介词“给”),也可以解读为被动义(即被动“给”)。比如,(47a)既可以是“我给你买了米”,也可以是“你买了米”。用于被动解读时,其中的“给”均可以替换为“被”,即例 48,句子所表达的意义基本不变。

例 47:(47a)米给你买来了。(CCL)

(47b)你留的药也给她吃了。(CCL)

(47c)从盖房用的木料到过冬用的棉被,都给他搬来了。(CCL)

(47d)这高帽给我戴上了。(CCL)

例 48:(48a)米被你买来了。

(48b)你留的药也被她吃了。

(48c)从盖房用的木料到过冬用的棉被,都被他搬来了。

(48d)这高帽被我戴上了。

在句法格式上,这种话题结构和被动句(即长被动句)完全一致。一个是“NP1 给 NP2 VP”格式,一个是“NP1 被 NP2 VP”。在语义上,“给”所接的宾语对象充当动词所编码的行为的发出者(或施事)更符合我们的日常生活体验。比如,“买米”“吃药”“搬东西”“戴帽子”都是我们的日常行为。

鉴于上述例子中被动“给”和介词“给”的紧密联系，我们假设前者是对后者的引申。而且，例 47 各句所示话题结构为被动“给”的产生创造了合适的句法语境。事实上，这一假设具有“给”历时演变上的证据。根据现有资料，被动“给”产生于 18 世纪末（刘云，2018），典型的句例是例 49。

例 49：可惜一张人皮，给你披上了。（富俊《清文指要》）

表面上看，例 49 也具有歧义，即其中的“给”也具有介词和被动两种解读。但我们认为，这里的“给”应被视为它的被动用法，原因有二。首先，从上下文看，不存在其他实施“披人皮”行为的施事，施事只能是“你”。其次，如例 50 所示，对应的满语（清代官方语言）在《清文指要》中也是长被动结构，使用了满语的典型被动标记，即“*bu*”（刘云，2018）。鉴于此，我们难以将例 49 中的“给”视为介词，用于引进接受者。

例 50：hairakan， niyalma-i sukv adarame sinde nere-*bu*-he

可惜 人-属 皮 怎么 你 披-被-完

基于语料库统计，刘云（2018）发现，这类用法随后大大增加，如例 51 各句。这在一定程度上说明这样的用法已经被汉语使用者人所接受并且习惯化。

例 51：（51a）怎么好买卖都给你弄撒了。（高静亭《正音撮要》）

（51b）要是说你谋反叛逆，给你偷听了去，还了得吗？（曹雪芹《红楼梦》）

（51c）我原是给你们取笑的。（曹雪芹《红楼梦》）

（51d）而董卓可是的确给貂蝉害死了。（鲁迅《阿 Q 正传》）

需要指出，以上假设与以往汉语研究中对被动“给”的看法不同。一般假设，“给”的被动用法演化自使役用法，和表示被动的“让”“叫”等用法一致（徐丹，1992；蒋绍愚，2002；洪波 等，2005；刘永耕，2005；张丽丽，2006）。

例 52:(52a)姓景的,你要打我好极了,给你打!(刘云,2018)[400]

(52b)由政府挑选出来,给他正式当兵。(CCL)

(52c)送公事的到了,总给你休息得很好。(CCL)

(52d)搞什么名堂都背着孩子,不给他知道。(王朔《我是你爸爸》)

这一看法有三个方面值得商榷。首先,被动"给"字既常用于长被动句,也常用于短被动句,但"让""叫"常用于长被动句,不可以用于短被动句(Tang,2001;石毓智,2004;杨晓明,2017)。如果"给"和"让""叫"具有相同的演变路径,即均源于使役用法,为何会表现出如此不同的句法分布?反之,一旦我们假设它们遵循不同的语法化路径,这一分布差异就可以得到自然的解释(见6.4.2节相关讨论)。

其次,和"让""叫"不同,"给"的使役用法并不是它的典型用法。而且,即使"给"表示致使某人做某事,它还暗含"给予"或"转移"的含义。比如,(52a)有"我把自己给你,从而让你打"的意味,区别于单纯的"让你打"。它们的不同还体现在相互替换的不同表现上。一般而言,"让"和"叫"作为典型的使役动词,可以相互替换。比如,例53中的"让""叫"可以相互替换(即例54),但替换为"给"则不合适。(55a)只能理解为"你为我想一想",(55b)只能理解为"为他选我"。

例 53:(53a)让我仔细想一想。(吕叔湘,1999)[462]

(53b)叫他选我!(CCL)

例 54:(54a)叫我仔细想一想。

(54b)让他选我!

例 55:(55a)给我仔细想一想。

(55b)给他选我!

更重要的是,假设被动"给"源自使役动词"给"违背了范畴化的一般原则。简单来说,和其他用法相比,"给"的使役用法是一种边缘用法。由该用法发展出"给"的被动用法不论在理论上还是实践上都缺乏依据。

对此，我们以“给”为检索词，从 CCL 语料库随机抽取 10000 个句子，并对其每个用法进行了统计分析。结果如表 6.1 所示。

表 6.1 “给”不同用法的数量和百分比统计

给	双及物	介词	被动	使役	其他
数量	3316	4951	127	38	1568
百分比	32.1%	49.4%	1.2%	0.3%	15.68%

根据表 6.1，“给”的使役用法仅占 0.3%，而介词用法占 49.4%，双及物动词用法占 32.1%，被动用法占 1.2%。不难看出，使役用法处于比被动用法还要边缘的地位。基于 2.1.3 节讨论，构式网络中的新意义往往来自中心意义的引申，而一个处于边缘地位的用法理论上难以引申出一个接近中心地位的用法。

从这个角度看，假设被动“给”来自使役“给”更像是缺少语料证据的猜测。与之不同，由于“给”的介词用法占比接近 50%，完全可以作为中心意义引申出其他一些边缘用法，如被动用法。鉴于此，我们把“给”这几个用法的关系描写为图 6.4。

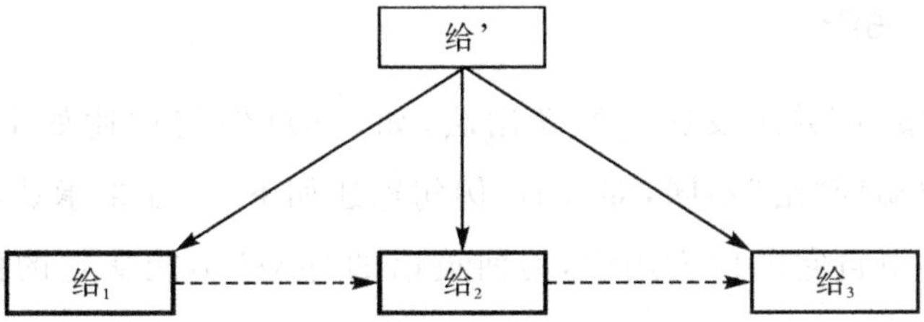

图 6.4 “给”的构式网络

“给”的双及物动词用法（“[给$_1$]”）和介词用法（“[给$_2$]”）都可看成是“给”的多义网络中的中心成员。基于 6.3.2 节的分析，它们之间是引申关系（图 6.4 中“给$_1$”和“给$_2$”之间的虚线箭头）。相对而言，它的被动用法（“[给$_3$]”）处于边缘地位。而且，该用法和“给”的介词用法构成引申关系（图 6.4 中“给$_2$”和“给$_3$”之间的虚线箭头）。该假设符合表 6.1 对“给”的不同用法的统计分析。

如果以上观点正确，那么，英语双及物动词如“give”不能表示被动就可以得到自然的解释。“give”的双及物动词用法和汉语“给”一样，也不仅仅用于实在事物的传递。比如，(56b)至(56c)中的传递物和(56a)中的“the letter”不同，“a tip”“a drink”和“a ride”都是非常抽象的实体。

例 56：(56a) Give your mother the letter.

(56b) Did you give the waiter a tip?

(56c) They were all thirsty so I gave them a drink.

(56d) Can I give you a ride to the station?

而且，除双及物用法之外，“give”和汉语“给”一样也有使役用法。Newman(1996)指出，尽管(57a)和(57b)涉及传递的一些信息(如升职、记忆等)，但其中的“give”实际表达“导致”或“能够”。这与例 52 中的“给”有相似之处。

例 57：(57a) He gave me to understand that I would be promoted. (Newman, 1996)[188]

(57b) Give me to bathe the memories of all dead soldiers. (Newman, 1996)[189]

但是，“give”并未发展出被动用法，如(4b)(例句重述如下)。这和汉语的双及物动词“给”不同，即(2a)(例句重述如下)。如果承认汉语“给”的被动用法引申自它的使役用法，为何英语的“give”不能从它的使役用法发展出被动用法？

例(2a)衣服给雨淋湿了。(吕叔湘，1999)[227]

(4b) *Clothes gave soaked by the rain.

基于本章观点，汉语“给”的被动用法引申自它的介词用法。基于表 6.1，这种介词用法非常普遍。但是，双及物动词“give”并未发展出介词用法。一般来说，英语通过介词“for”或“to”来引介某个表示受益或接受的对象，如(58a)和(58b)。如例 59 所示，直译为汉语时，其中的介词短语

"for me"和"to you"需要译为"给我"和"向你"。既然"give"并未发展出相应的介词用法，它也不可能进一步引申出被动用法①。

例 58：(58a) He made a cake <u>for me</u>.

(58b) I'll explain <u>to you</u> where everything goes.

例 59：(59a) 他<u>给我</u>做了一个蛋糕。

(59b) 我<u>向你</u>解释任何事情。

当然，这并不意味着，只要某种语言中表达给予义的双及物动词可以用作介词，它就一定会发展出被动用法。是否发展出被动用法既与该语言系统自身的一些特征（如基本的语序、话题结构、主宾语可否省略等）有关，也与语言系统自身的演变路径有关。这不在本书讨论范围内。

如果以上思路正确，随之而来的问题是，"给"的被动用法又何以可能引申自它的介词用法？换句话说，介词"给"和被动"给"之间具有怎样的认知关联？如 6.3.2 节所述，一般来说，典型的动词编码施受互动的行为，包含两个参与者。通过介词短语会为其引进第三个参与者。比如 (40a) 和 (40b)（例句重述如下），"他"和"一栋房子"分别是谓语动词"造"的施事和受事。而介词"给"会引进接受者，即"我"，用于表示"房子"是为"我"而非施事"他"建造。

例 40：(40a) 他<u>给</u>我造了一栋房子。(Langacker, 2003)[271]

(40b) 他造了一栋房子<u>给</u>我。

例 49：可惜一张人皮，<u>给</u>你披上了。(富俊《清文指要》)

不同的是，例 49 仅包含两个参与者，即"一张人皮"和"你"。而且，"你"既是事件"披上人皮"的施事（即"你披上人皮"），同时也是该事件的接受者（即"披在你身上"）。这意味着，在 (40a) 和 (40b) 中，原本独立的两个参与者，即施事和接受者在例 49 中由同一个角色来充当。

① 需要注意的是，在一些汉语方言（如甘肃省的兰银方言）中，"给"也有被动用法。同时，在这些方言中"给"的用法更加多样。

事实上，施事角色和接受者/受益者角色原本就存在紧密的联系（木村英树，2005）。受益与否是施事执行某个特定行为的重要触发因素。在一定程度上，正是因为从中受益，施事才会实施某个行为。比如，例60是与例49对应的主动句，施事“你”同时也是这一行为的受益人。同样，例61是例47的主动句，其中的主语对象也都从相应的行为中获益。而这也正是它们实施该行为的原因。

例60：你披上了一张人皮。

例61：(61a)你买来了米。

(61b)她吃了你留的药。

(61c)他搬来了从盖房用的木料到过冬用的棉被。

(61d)我戴上了这高帽。

Newman(1996)持大致相同的观点。他认为，受益是行为的动机。对于介词“给”，其名词短语所指对象不仅从行为中受益，在一定程度上也是行为实施的原因。不同的是，在例49中，接受者角色与施事角色进行了概念上的交叉，并由同一名词短语即“你”来阐释。这意味着，“你”既因能从“披一张人皮”中获益而实施该行为（获益是因，行为是果），也因实施“披一张人皮”的行为而获益（行为是因，获益是果）。在这种情况下，“你”作为施事的角色被前景化，作为接受者的角色被背景化，从而导致被动“给”的产生。而且，可将“给”字短被动句视为“给”的宾语作为接受者角色被完全背景化。这也表明，“给”已发展成为真正的被动标记（见6.4节）。

综上，我们提出正是施事和接受者的概念交叉（即合并为同一角色）引发了“给”的被动用法。例47各句之所以具有被动解读，正是因为由“给”引入的接受者同时也实施了相应的行为。从这个角度看，“给”的被动用法可以看成是介词“给”的一种非常特殊的用法。当然，这一特殊用法也离不开其所在的特殊句法环境，即例47所示话题结构及相关主语的省略等。在6.3.4节，我们将具体讨论被动“给”的概念结构及其相关问题。

6.3.4　被动“给”的概念结构及其相关语法构式

本节提出被动“给”的认知机制是控制构型，并对被动“给”的词类归属进行分析。随后，本节将说明被动“给”如何与动词或动词短语结合形成被动句。

基于 6.3.3 节分析，被动“给”的概念特征是，施事角色和接受者角色的概念交叉。换言之，“给”引入的对象既是行为的实施者，也是行为的受益者。由于接受者角色充当“给”的界标，因而与其交叉的施事也必然不再具有射体地位。此时，整个句子所显影的过程关系只有受事角色，因而成为被聚焦的射体(即句子主语)。再以例 49 为例，施事“你”作为“给”引介的接受者充当其宾语。此时，受事“一张人皮”成为唯一焦点化的参与者，自然成为句子所显影过程的射体。

例 49：可惜一张人皮，<u>给</u>你披上了。(富俊《清文指要》)

基于以上分析，被动“给”的概念结构可描写为图 6.5。简单而言，接受者(R)同时也是施事(A)，是它直接作用于受事(P)，并将其纳入自己的控制域。

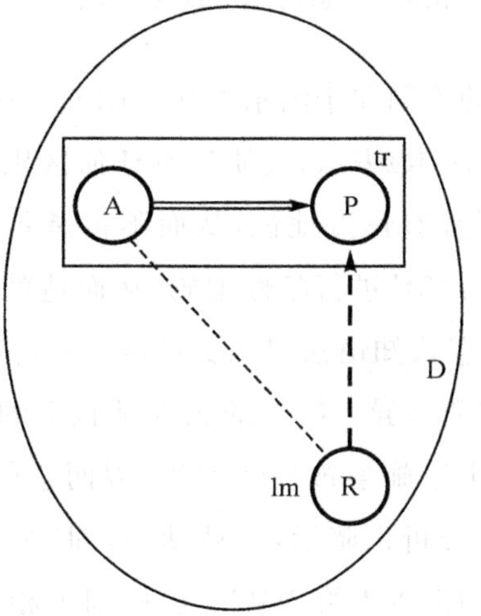

图 6.5　被动“给”的概念结构(1)

如图 6.5，被动“给”的概念结构和介词“给”（如图 6.3 所示）非常接近。它们的区别仅在于，被动“给”中施事（A）和接收者（R）存在对应关系（图 6.5 中的虚线），即这两个角色属于同一参与者。比如，例 49 中的“你”既是施事又是接受者。而对于介词“给”，受事和接受者属于两个不同的参与者。比如，在(3b)中，施事是“他”，而接受者是“我”。

例 3:(3b)他给我造了一栋房子。(Langacker，2003)[271]

由于图 6.5 中的施事和接受者属于同一参与者，因此可将它们叠加在一起，如图 6.6 所示。

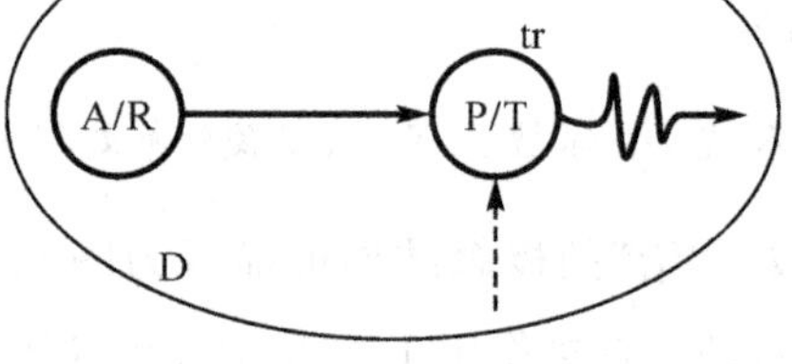

图 6.6　被动“给”的概念结构(2)

图 6.6 和图 6.5 的不同在于图示方法。图 6.5 中施事和接受者的叠加在图 6.6 中用粗线圆（A/R）表示，实质没有任何区别。如图 6.6 所示，施事尽管仍被显影，但不再具有焦点地位，从而不再是句子主语。在句法上，去焦点化的极端情况是对“给”进行隐性编码，从而造就“给”的短被动用法，即“NP 给 VP”格式。根据认知语法（Langacker，1991；Langacker，2008a）的观点，长短被动句没有实质差异。唯一的区别是施事的凸显性（另见第 3.2.1 节）。在长被动句中，由于施事被显性编码，因而它的凸显程度高于相应的短被动句。同时，此处分析也暗示，长被动句，即“NP1 给 NP2 VP”的产生时间会早于短被动句，即“NP 给 VP”。这得到了相关历时研究的证实（刘云，2018）。

需要强调，和 3.1 节对“被”的概念描写相同，本节对被动“给”的概念描写实质也体现了控制关系，如图 6.6 所示。简单来说，施事（圆 A/R）是执行体，受事（即圆 P）是被控制的对象。施事通过施加作用力（即从圆 A/R 指向圆 P 的双线箭头）将受事纳入其控制域。3.1 节将这样的概念结构称为控制构型。同样，被动“给”的概念结构也可称为控制构型。

2.2.1 节提到，可将控制循环分为初态、预备、发力和结果四个阶段。同样，图 6.6 所示控制构型主要指结果阶段，发力阶段充当其概念基座。再以例 49 为例，该句可描写为以“你披一张人皮”的行为为基座，对行为结果，即“你披上人皮”的显影。此时，执行体“你”通过“披”的行为将目标“一张人皮”纳入领地 D 的结果状态。这也意味着，“给”字被动句中的动词及相关成分不能用于表示行为的进行。比如，（62a）指“贴对联”的行为正在进行，但是，该句变换为“给”字被动句，即（62b）就不合法[①]。

例 62：（62a）他们贴着对联。

（62b）*对联给他们贴着。

这里的问题是，例 49 中“你”和“一张人皮”的控制关系是如何得来的？事实上，“给”的双及物动词用法和介词用法都隐含控制关系。基于 6.3.1 节的讨论，可将双及物动词“给”视为施事将目标物移出其控制领地，并使之进入接受者的领地被其控制的过程。这实际包含两个控制关系。一个是施事作为执行体对目标物的控制，另一个是接受者作为执行体对目标物的控制。“给”的给予义实质是目标物从一种控制关系转移至另一种控制关系。比如，（36a）指处于“比尔”控制之下的“一件礼物”转移至“你”的控制领地（例句重述如下）。

例 36：（36a）比尔，给你一件礼物，叫“微笑寿司”。(CCL)

介词“给”描写的是出于宾语接受者的利益或目的，施事实施了某个特定的行为。它的概念结构内含一种控制关系，即宾语接受者对施事所实施的行为在社会或利益上的控制（见图 6.3）。比如，（40a）（例句重述如下）表示“他造一栋房子”被纳入“我”的控制领地（即服务于“我”或为“我”）。

例 40：（40a）他给我造了一栋房子。(Langacker，2003)[271]

---

① 同样，3.1.2 节提到，“被”字句也不能表示行为的进行。

基于以上分析,"给"的被动用法来自施事和接受者的概念交叉。这使得施事/接受者对受事的控制得以凸显(即图 6.6 中圆 A/R 通过实线箭头指向圆 P/T 均为粗线)。同时,这也正是"给"字被动句和相应话题句的不同之处。比较(63a)和(63b),它们的意义基本相同,都表示"小王打碎了杯子"。不同的是,(63a)还有"小王"应该对"打碎杯子"负责的意味。而且,这通常也正是说话人的意图所在。实际上,这种意味是说话人将施事"小王"和目标"杯子"之间的控制关系放置于"舞台"上,并使之凸显的结果。与之不同,对于(63b),它们之间的这种控制关系处于背景地位[①]。

例 63:(63a)杯子<u>给</u>小王打碎了。

(63b)杯子小王打碎了。

下一个问题是被动"给"的词性归属问题。第 6.2 节提到,被动"给"通常被视为动词、介词或具有双重身份。但是,动词说和介词说都难以令人信服地解释被动"给"的句法和语义特征。双重身份说把长、短被动句中的"给"分别看成介词和助词,既无法做到对被动"给"的统一处理,也难以解释它在长、短被动句中概念功能的一致性(周健,2011)。

基于本节讨论,被动"给"既不属于动词,也不是典型的介词。事实上,图 6.6 反映的是认知主体对情景事件的认知加工方式,或者说是一种凸显两个参与者控制关系的观照模式,所以难以简单地将被动"给"归为某个特定的词类。从这个角度看,一个更为合理的假设是,可把被动"给"处理为特殊的语法构式,而不是一个简单的语法成分。在概念上,这一构式指图 6.6 所示控制构型,即执行体(常为施事)通过实施作用力将目标射体纳入其控制领地。它的句法结构可以描写为"NP1 给 NP2 VP"或"NP 给 VP"。

最后一个问题是被动"给"的概念功能。从跨语言的角度看,被动语态或被动句的概念功能可看作是施事的去焦点化。这一观点的出发点是被动语态(或被动句)和主动语态(或主动句)的对立(见 3.3 节)。Van Oosten

① 当然,对于(63b),我们可以对"小王"进行重读来凸显其责任,但这属于语篇层面,不属于句法层面。

(1986)指出,当施事不明或隐含时,通常会使用英语被动句。当需要明确施事时,英语被动句会通过介词"by"引出。不论是否明示施事,它都不再是被聚焦的参与者(Shibatani,1985;Langacker,1990)。基于上文讨论,和汉语被字句一样,"给"字被动句作为对控制构型编码,也符合这一概念功能。

下面我们从认知加工的角度来讨论"给"字被动句如何实现该功能。典型的主动句通常会涉及施事和受事的互动。比如,(64a)描写施事"玛莎"和受事"这个画家"之间的相互作用。

例 64:(64a)玛莎打了这个画家。(CCL)

(64b)这个画家给玛莎打了。

其中,"玛莎"作为行为"打"的实施者充当射体,"这个画家"作为"打"这一行为的作用对象充当界标。因此,(64a)的概念结构可描写如图 6.7。

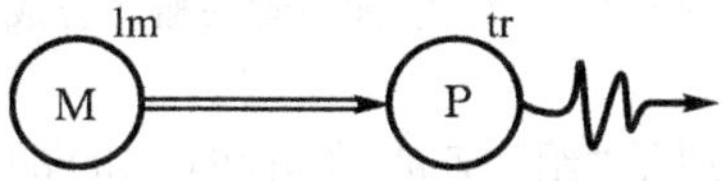

图 6.7　典型主动句的概念结构

如图 6.7,典型的主动句(或及物句)显影施事射体和受事界标之间的互动关系(即粗线圆 M 通过实线箭头指向粗线圆 P,两圆分别标注为 tr 和 lm)。这种互动通常会引起受事的状态变化(连接粗线圆 P 的折线箭头)。

2.1.2 节提到,语法构式可看作是一种用于实现某种表达或交际功能的语言编码策略(如图 2.2 所示)。这样的编码策略反映了认知主体对相关情景内容的认知加工操作。"给"字被动句也是如此。本节将该句式描写为图 6.6 所示的控制构型。因此,(64b)就可以被视为认知主体通过该控制构型对图 6.7 的认知加工操作。该操作也可看作是这一控制构型和图 6.7 所示结构的概念合成,可大致描写为图 6.8[①]。

① 需要指出,图 6.8 并未展示"给"字被动句的具体组合路径,而仅是从认知加工的角度来看待"给"和由动词及其他成分编码的事件如何合成为相应的被动句。

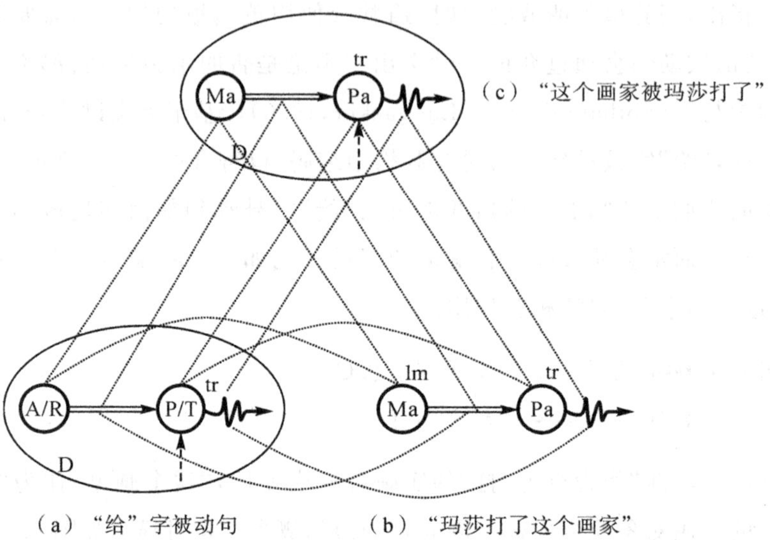

图 6.8 “给”字被动句的概念合成

图 6.8(a)和(b)分别是“给”字被动句和(64a)的概念描写(即图 6.6 和图 6.7)。“给”字被动句对情景事件“玛莎打了这个画家”的认知加工依赖于四种对应关系[连接(a)、(b)不同概念成分的四条虚线]。首先,“玛莎”与“这个画家”会分别和执行体与其目标射体建立对应,并进行概念交叉(分别连接圆 Ma、Pa 和圆 A/R、P/T 的虚线)。这使得“玛莎”和“这个画家”分别成为这一控制关系的执行体与目标射体。同时,执行体对目标射体的作用力会和“打”的行为建立对应,并进行概念交叉(连接粗实线箭头和双实线箭头的虚线)。这也意味着“打”的行为也就是“玛莎”对“这个画家”所实施的控制行为。由“打”的行为所造成的结果自然也成为“玛莎”将“这个画家”纳入控制领地的状态变化[连接(a)、(b)两折线箭头的虚线]。

图 6.8(c)是“给”字被动句图 6.8(a)和情景事件图 6.8(b)合成的概念结构,也是以上四种对应与概念交叉的结果。由于该合成结构以“给”字被动句为显影决定体,因此(64b)显影的是目标射体“这个画家”为射体[图 6.8(c)中粗线圆 Pa 标注为 tr]被执行体“玛莎”纳入控制领地的状态。尽管“玛莎”也是显影的参与者[图 6.8(c)中粗线圆 Ma],但并未被聚焦为射体或界

标。比较图 6.8(b)和图 6.8(c),不难发现(64a)和(64b)的概念区别在于:后者凸显施受两参与者的控制关系并使施事失去射体地位(即主语身份)。从这个角度看,"给"字被动句和被字句一致,也符合类型学研究对被动语态的施事的去焦点化概括。

当然,以上分析并不意味着"给"字被动句就和被字句完全一致。对于该句式和其他被动构式的概念异同,6.4 节会具体讨论。

6.4　被动"给"与其他被动标记的比较

本节主要比较被动"给"与其他汉语被动标记,如"被""叫""让",目的是揭示它们的共性与不同。6.4.1 节比较被动"给"和典型的被动标记"被"的异同。6.4.2 节比较"给"与其他被动标记,如"叫""让"的异同。

6.4.1　被动"给"和"被"

本节分为两小节。6.4.1.1 节讨论被动"给"和典型的被动标记"被"的异同。6.4.1.2 节是对"被 NP 给 VP"的概念合成分析。

6.4.1.1　被动"给"和"被"的比较

3.1 节提到,汉语被动句主要指被字句,通常可以分为直接被动句,如(65a),以及间接被动句,如(65b)。另外,施事是否明示还可划分为长被动句,如(65a)和(65b),以及短被动句,如(66a)和(66b)。

例 65:(65a)她的新手机被小偷偷走了。(BCC)

(65b)她被小偷偷走了新手机。

例 66:(66a)她的新手机被偷走了。

(66b)她被偷走了新手机。

与被字句一致,"给"字被动句也有直接、间接被动句和长、短被动句之分。比如,例 65、例 66 中的"被"都可以用"给"来替换,即例 67、例 68,句子所表达的被动意义基本不变。

例 67:(67a)她的新手机给小偷偷走了。

(67b)她给小偷偷走了新手机。

例 68:(68a)她的新手机给偷走了。

(68b)她给偷走了新手机。

6.3.4 节提到,从跨语言的角度看,被动句的概念功能是施事的去焦点化。就汉语被字句而言,该功能的实现依赖于通过由“被”字格式编码的控制构型与由动词及相关成分激活的情景事件的相协调(见 3.2 节)。其结果是认知主体通过控制构型对该情景事件的认知加工。控制构型显影执行体与目标射体的控制关系。它会以不同的方式与情景事件中的不同参与者及其互动关系建立对应关系,并进行概念交叉,从而造就出直接或间接被动句等不同的句法格式。

以(65a)和(65b)为例,前一句显影“小偷”对目标“她的新手机”的控制关系,并以该目标“她的新手机”为射体。由于“她”是“新手机”的领有者,因此后一句显影“小偷”通过“偷新手机”的行为而实现的对目标“她”的控制关系(见张谊生,2001;Fan et al.,2013)。此时,“她”成为相应过程的射体。(66a)和(66b)的不同之处仅在于控制的执行体(即施事“小偷”)并未被显性编码,因而其凸显度不如相应的长被动句。

事实上,以上对被字句的简要分析也符合“给”字被动句的情况。6.3.3 节提出,“给”的被动用法来自介词“给”所引介的接受者与施事的概念交叉(即它们属于同一参与者)。又由于接受者这一角色原本就含有一种控制关系,这种控制关系在被动“给”中得以保留,因此我们也将被动“给”的概念结构也描写为控制构型,即作为执行体的施事对受事目标的控制关系。这样的话,通过被动“给”来替换例 65 和例 66 各句也就不足为奇了。另一方面,“被”和被动“给”在使用、语义和句法三个方面都存在不同。下面我们会逐一讨论。

1. 被动“给”与“被”的使用差异

基于语料库的统计数据,Hui(2005),以及 Xiao、McEnery 和 Qian(2006)对被动“给”和被动“被”的异同进行了比较。Hui(2005)以“给”为关键词检索了“中国现代汉语平衡语料库”，共获得 2000 个相关例句。其中，“给”的被动用法共 119 例。此后，他随机选取了同样数目的被字句作为对照。经统计分析，他提出被字句更倾向于在中性和积极的情况下使用，而“给”字被动句常用在消极的情况下。另外，Xiao、McEnery 和 Qian(2006)使用的是“汉语口语语料库”(“Callhome”)，他们检索到 40 例“给”字被动句和 1300 例被字句。通过分析两句式在消极、中性和积极意义范畴(即说话人对所描述的事件的积极、中性或消极态度或后果)中的分布，他们发现“被”更倾向于在中性条件下使用。

为了验证以上结果，本研究以 CCL 语料库为基础对“给”字被动句和“被”字句进行了检索与统计分析。我们共提取了前 15 万个包含关键词“给”的例句(约占“给”总例数的 50%)。其中，“给”字被动句共为 602 例。随后，我们随机提取了相同例数的“被”字句用于对比分析。根据 Xiao、McEnery 和 Qian(2006)提出的分类标准，我们评估了“给”字被动句和被字句在消极、中性和积极三个意义类别中的分布。统计结果与以上研究基本一致。简单来说，“被”更倾向于在中立的情况下使用，而被动“给”结构更倾向于在非中立情况下使用。具体统计结果，如表 6.2 所示。

表 6.2　被动“给”和“被”的语义特征

被动标记	积极意义	中性意义	消极意义
“给”	18.4%	16.4%	65.1%
“被”	18.1%	39.9%	41.2%

基于表 6.2，在表示积极意义时，被动“给”和“被”大致相当，均在 20%之内。但是，在表达中性和消极意义时，两句式表现出差异性分布。具体来说，“给”字被动句表达消极意义的比例远远超过中性意义的比例(约是其 4 倍)。而对于被字句，表达消极意义和中性意义的例子数大致相当(约为 40%)，都远高于表示积极意义的例句数量。可以说明，“给”字被动句更常用于在表达说话人的消极态度或结果时使用。

同时，对被动“给”和“被”的语料对比分析也表明，“被”可以充当构词成分，而“给”不可以。比如(14a)，“被V”可以分别和“者”“人”“人员”等组合构成相应的复合词。其中的“被”通常不能用“给”替换，如(14b)(例句重述如下)。有趣的是，这并非相应的动词不能和“给”搭配，如例69中的“打”和“困”。

例14:(14a)被教育者　被传播者　被逮捕人　被统治阶级　被打人　被困人员(CCL)

(14b)*给教育者*给传播者*给逮捕人*给统治阶级*给打人 *给困人员

例69:(69a)他被监禁了10个月，屁股也给打得皮开肉绽。(CCL)

(69b)我被时光的洪流给困住了。(CCL)

另外，对于一些较为惯常或固定的“被V”搭配，其中的“被”也不能用“给”替换，比如例70中的“被认为”“被列为”等。

例70:(70a)教育被认为是消费性的、文化性的。(CCL)

(70b)我国高等学校被列为全国科学研究五大方面军之一。(CCL)

例71:(71a)*教育给认为是消费性的、文化性的。

(71b)*我国高等学校给列为全国科学研究五大面军之一。

一个可能的原因是，和“给”(或“叫”“让”等被动标记)不同，“被”是被动构式网络中的典型成员(如图6.9所示)。表6.2两被动标记的分布差异就是证据之一。“被”的使用语境呈现出一定程度的均衡分布，而被动“给”则明显倾向于消极意义的使用。由于“被”是典型的被动标记，并且对使用语境不具有选择性，因此在组词以及表达中性意义的固定或惯常的搭配中，“被”不能被替换为其他被动标记如“给”(当然也不能用“让”“叫”替换)。

2.被动“给”与“被”的语义差异

在语义上，不同于“被”，由于被动“给”源自介词“给”的语义引申，加之其语法化程度不高，被动“给”仍保留部分介词“给”的语义特征。6.3.3节提到，被动“给”来自介词“给”在特殊的话题构式中其施事角色和接受者角色(即“给”的宾语)的概念交叉，这使得被动“给”的宾语施事仍带有作为接受者角色的意味。也就是说，相应的事件会对施事造成一些有利或不利的影响。比如，在“给”字被动句如例 67 中，“小偷”会因“偷新手机”的事件而受益。例句重述如下。

例 67：(67a)她的新手机给小偷偷走了。

(67b)她给小偷偷走了新手机。

反之，如果相应的事件不会让宾语施事受益（或受损），相应的“给”字被动句的可接受程度就会受到影响。比较例 72 和例 73，“给表扬”“给普及”的可接受程度明显要低于“被表扬”“被普及”①。

例 72：(72a)瓦家姑娘被表扬了。(BCC)

(72b)从某种角度看，艺术被普及了。(CCL)

例 73：(73a)?瓦家姑娘给表扬了。

(73b)?从某种角度看，艺术给普及了。

动词“表扬”“普及”的意义偏向积极，而且不存在对实施者的损益影响。因此，这些动词通常会和“被”搭配，而不会和“给”搭配。当然，我们并不否认，在某些方言中随着被动“给”的普遍使用，类似（73a）和（73b）所示用法会逐渐被人们接受并使用。但是，仅就当前我们统计的语料看，“给”作为被动标记并未被完全语法化。它所接宾语作为接受者所受到的损益影响仍存在，并在一定程度上影响到“给”字被动句的使用（见表 6.1）。这也造成了“给”字被动句和“被”字句的语义差异。

3. 被动“给”与“被”的句法差异

在句法上，“被”可以与被动“给”组合形成一个更为复杂的句式“被 NP 给 VP”，如例 74。对于该句式的句法结构和概念合成，我们会在 6.4.1.2 节具体分析。这里要说明的是，在该句式中，被动“给”的句法位置相对固定，且不能用其他被动标记替换。如（75a）和（75b）所示，例 74 中的“给”和“被”不能互换。

① 本书作者检索 BCC 语料库后发现，并无“给表扬”“给普及”的例句出现。

例 74：(74a)市场都被你们给占了。(CCL)

(74b)海涛被陈芳给耍了！(CCL)

例 75：(75a)*市场都给你们被占了。

(75b)*海涛给陈芳被耍了！

此外，比较例 76 和例 77，在"让/叫 NP 给 VP"格式中，"给"也不能和"叫""让"互换。

例 76：(76a)暂住证最终还是让吴琼给办了。(CCL)

(76b)嗬！全叫你一个人给用了，好！(CCL)

例 77：(77a)*暂住证最终还是给吴琼让办了。

(77b)*嗬！全给你一个人叫用了，好！

当前研究(刘永耕，2005；石毓智，2004 等)认为，上述结构中的"给"是介词。不同于一般介词的是，它的宾语接受者可以省略。比如，在(78a)和(78b)中介词"给"的宾语分别是"我"和"曹先生"。

例 78：(78a)我外场一辈子，脸教她给(我)丢净！(老舍《骆驼祥子》)

(78b)我把大门给(曹先生)锁了！(老舍《骆驼祥子》)

而且，石毓智(2004)认为，"给"的隐性宾语应该是代词，并与主语构成回指。比如(79a)和(79b)，介词"给"的宾语分别是"他"和"它"，分别指主语"财神爷"和"市场"。

例 79：(79a)送上门的财神爷让你们给(他)放跑了。(石毓智 2004)[19]

(79b)市场都被你们给(它)占了。

但是，介词说并非无懈可击。从跨语言角度看，介词总是以名词短语为其宾语(吕叔湘，1999；颜力涛，2008)。然而，在上述复杂格式中，"给"的宾语可以省略。尤其是，在日常会话中，"给"接代词的格式很少使用(刘永耕，2005)。即使如(79b)所示接代词，也不太自然。如果我们承认该格式中的"给"是一个非典型的介词，可以接隐性宾语，该宾语到底是什么，以及它又该如何分析仍是一个需要面对的问题。

我们认为，将“被 NP 给 VP”格式中的“给”视为被动“给”更可行。也就是说，“被 NP 给 VP”格式是“被”字结构和表示被动的“给”字结构的组合(陶婵，2010)。由此带来的问题是，为什么被动“给”和“被”在例 75 中不能互换？我们推测，“被”作为被动标记比被动“给”更具有典型性，因此“被”被置于该结构的前面。其结果是，“被 NP 给 VP”格式是以“被”为主、以“给”为辅的被动句。同时，由于“被”和“给”均具有被动义且以前者为主导，因此不可能出现省略 NP 的“被给 VP”格式或“被给 NPVP”格式，如(80a)和(80b)。

例 80：(80a)* 市场都被给占了。

(80b)* 市场都被给你们/它占了。

简言之，在“被 NP 给 VP”格式中，“被”的功能主要用于引出施事宾语。同样，在“让/叫 NP 给 VP”格式中，“让”“叫”通常要接施事宾语，因此也不能和“给”互换。

6.4.1.2　“被 NP”和“给 VP”的概念合成

以上分析带来另一个问题：如果“给”在“被 NP 给 VP”格式中也表示被动义，“给”具有怎样的语义贡献？我们认为，“被 NP 给 VP”源自成分结构“被 NP”和“给 VP”的概念合成，“给”的贡献正体现于此。

基于 2.2.3 节的讨论，不同结构的句法组合实质是构成它们的不同概念部分基于对应关系进行概念交叉的结果。其中，相对抽象的概念部分是阐释场。需要指出的是，认知语法并不否认整个的概念结构都可能属于阐释场而被阐释。比如例 81，助动词“does”和动词“like”的概念合成就是如此。

例 81：He *does like* her.

基于认知语法，不论是助动词“does”还是实义动词“like”，它们都显影一个过程。它们的区别在于抽象程度的差异。“does”显影一个完全抽象的过程关系[①]。“like”显影两个参与者之间的“喜欢”的过程。“does”和“like”的

① “does”所显影的过程类似动词词类所定义的过程，但“does”并未定义其射体为第三人称单数及时间发生在现在之外的情况。

句法组合在概念层面体现为以"does"所显影的过程与"like"所显影的"喜欢"过程的完全对应并有概念交叉。此时,"does"所显影的整个过程都成了阐释场。其结果是,"does"对整个句子而言几乎不会有任何语义贡献。但在语篇层面,正是由于说话人对"does"和"like"的依次提取,该句表达出一般句子所没有的强调义。

事实上,"被 NP"和"给 VP"的概念合成与"does"和"like"的合成大体相似。基于第 3 章及本章的分析,不论是"被"还是被动"给"都显影执行体和目标射体之间的控制关系。以例 82 为例,"被你们"显影某个目标射体被"你们"通过某个行为而纳入控制的结果阶段。

例 82:好好的小说都被你们给糟蹋了。(BCC)

同样,"给糟蹋"显影某个执行体通过"糟蹋"的行为而将某个目标射体纳入控制。"被你们"和"给糟蹋"的概念合成可描述为图 6.9。

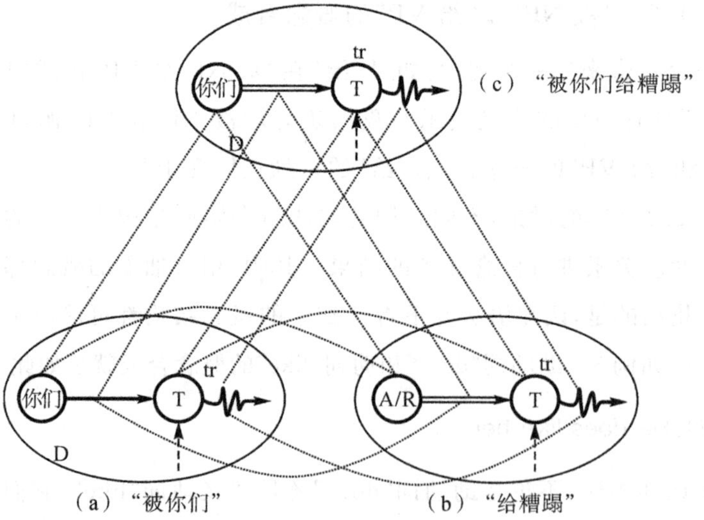

图 6.9 "被 NP"和"给 VP"的概念合成

图 6.9(a)和图 6.9(b)分别是"被你们"和"给糟蹋"的概念结构。如上所述,它们均显影控制关系。不同的是,图 6.9(a)显影执行体"你们"对某个目

标射体的实施控制的结果状态(标注“你们”的粗线圆通过粗线箭头指向粗线圆 T)。图 6.9(b)显影某个执行体通过“糟蹋”的行为将某个目标射体纳入控制的结果状态(粗线圆 A/R 通过粗线箭头指向粗线圆 T)。它们的概念合成依赖于这两种控制关系及其两个参与者完全的概念交叉。也就是说,在图 6.9(a)和图 6.9(b)中,两执行体、两目标射体及它们之间的实施控制的作用力与结果状态均会建立起对应关系并进行交叉(连接不同粗线圆和箭头的四条虚线)。

这样的话,合成的概念结构“被你们给糟蹋”可描写为显影执行体“你们”对某个目标射体通过“糟蹋”的行为而将其纳入控制的结果状态,即图6.9(c)。不难发现,这一合成结构既与相应的“被”字结构高度重合,也与相应的“给”字结构高度重合。这就是说,例 82 既可以变换为单纯的“被”字句,即(83a),也可以变换为单纯的“给”字句,即(83b)。它们所表达的被动意义基本不变。

例 83:(83a)好好的小说都被你们糟蹋了。

(83b)好好的小说都给你们糟蹋了。

那么,这是否意味着例 82 中的“给”是一个冗余成分?或者说,它不具有任何语义贡献?单从被动意义考虑,“给”的确是冗余成分。图 6.9 也说明了这一点。合成的概念结构,即图 6.9(c)也是“被你们”所编码的控制构型,即图 6.9(a)。但是,基于 6.3.3 节的讨论,被动“给”来自介词“给”语义引申。这导致相应的宾语施事即“你们”仍携带接受者的意味,从而会更加凸显“你们”在“糟蹋小说”中的责任。

6.4.2　被动“给”和“叫”“让”

除被动标记“被”和“给”之外,“让”和“叫”也可用作被动标记,如(84a)和(84b)(吕叔湘,1999;张万禾,2008;屈哨兵,2008)。这些词原本是典型的致使或使役动词,如(85a)和(85b)。

例 84:(84a)活都让他们干完了。(吕叔湘,1999)[462]

(84b)墨水瓶叫弟弟打翻了。(吕叔湘,1999)[304]

例 85：（85a）你需要人帮忙的话，我让/叫他去。（丁丁，2020）[303]

（85b）他很想去听讲座，我破例让/叫他去。（丁丁，2020）[303]

通常认为，“让”“叫”能够用于被动句的原因与它们的致使义紧密相关（杨晓明，2017；朴乡兰，2011；屈哨兵，2008；张丽丽，2006）。而且，这也有跨语言上的证据。比如，德语中的致使助动词“lassen”（字面意义为“let or make”）或格陵兰因纽特语（greenlandic Inuit）中的致使后缀“-tit”结合不及物人称标记（intransitive person marker）表达被动意义（Haspelmath，1990）。

例 86：德语（Haspelmath，1990）[46-47]

（86a）*Nesrin Lässt sich fotografieren.*

Nesrin has herself photographed（“Nesrin 给自己照了相”）

（86b）*Das Fahrrad lässt sich reparieren.*

The bike can be repaired/is repairable.（“这辆自行车被修理了/可修理”）

例 87：因纽特语（Haspelmath，1990）[48]

（87a）*Nanuq-Ø taku-tip-puq.*

Polar.bear-ABS see-CAUS-3SG.INDIC

The polar bear let itself be seen.（“北极熊被看见了”）

（87b）*Qimmi-mut kii-sip-puq.*

dog-ALLATIVE bite-CAUS-3SG.INDIC

He got bitten by a dog.（“他被一条狗咬了”）

对于例 86，（86a）中的“lässt”仍可理解为致使用法，但在（86b）句中，将其理解为被动用法更为合适。同样，对于例 87，（87b）句中的致使后缀“-tit”需要理解为被动义，而不是类似于（87a）中的致使义。以上例子也表明，致使动词向被动成分的演变会经历一个反身－致使（reflexive-causative）的使用过程（Haspelmath，1990）。以例 88 为例，这一演变过程会从（88a）中的典型致使用法发展为（88b）中的带有反身代词的致使用法，最后发展为（88c）中的被动用法。

例 88：(88a) I have the barber shave me.(致使)(Haspelmath，1990)[46]

(88b) I have myself shaved by the barber.(反身-致使)(Haspelmath，1990)[46]

(88c) I am shaved by the barber.(被动)(Haspelmath，1990)[46]

关于汉语致使动词如何演变成被动标记的问题，丁丁(2020)认为致使动词“让”“叫”的意义可以概括为“致事命令或允许某人做某事”。比如(85a)，致事“我”促使役事“他”实施某个行为，即“去帮忙”。值得注意的是，致使动词“让”“叫”和双及物动词“给”一样，也蕴含一种控制关系，即役事行为的实施发生在致事的控制之下。正如 Haspelmath(1990)所示，致使动词“让”“叫”被语法化为被动标记既有特定句法环境的作用，也与它们自身的意义演变相关。这包括动词的受事宾语的话题化、致事的施事性(agentivity)的减弱与背景化等(如石毓智，2004)。对此，本章不进行深入讨论。

这里要强调的是，致使动词“让”“叫”所蕴含的控制关系在它们语法化的过程中被保留了下来。因此，(84a)和(84b)分别表示“他们”和“弟弟”分别通过“干”和“打”的行为将目标射体“活”和“墨水瓶”纳入控制领地。就汉语而言，“让”和“叫”之所以能够发展成为被动标记就在于这种控制关系。如果这一假设正确，被动“让”和“叫”用于间接被动句的情况就属于自然的现象，如例 89。

例 89：(89a)这时候政委让一颗炮弹炸断了腿。(互联网)

(89b)我叫越野车碰了腰。(互联网)

这样的话，汉语中由被动标记，如“给”“让”“叫”引导的被动句就可被视为具有相同的认知基础(即控制关系)。但是，这并不意味着它们具有相同的演化路径。表现在句法上，“给”既可以用于长被动句，也可以用于短被动句，如例 67 和例 68。例句重述如下。

例 67：(67a)她的新手机给小偷偷走了。

(67b)她给小偷偷走了新手机。

例 68:(68a)她的新手机给偷走了。

(68b)她给偷走了新手机。

但是,由“让”和“叫”引导的被动句通常只能是长被动句,它们不能用于短被动句(Tang,2001;石毓智,2004;宋文辉 等,2007;杨晓明,2017)。比如,(90a)中的“给”替换为“让”或“叫”后,可接受程度明显降低,如(90b)。

例 90:(90a)头脑中的那个问号立刻给拉直了。(CCL)

(90b)? 头脑中的那个问号立刻让/叫拉直了。

事实上,这是被动标记“让”“叫”的用法源自其致使用法语法化的自然结果。简单来说,它们的致使用法要求随后必须接役事宾语。因此,删掉(85a)和(85b)中的“他”(例句重述如下),相应的句子不合法,即(91a)和(91b)。

例 85:(85a)你需要人帮忙的话,我让/叫他去。(丁丁,2020)[303]

(85b)他很想去听讲座,我破例让/叫他去。(丁丁,2020)[303]

例 91:(91a)* 你需要人帮忙的话,我让/叫去。

(91b)* 他很想去听讲座,我破例让/叫去。

“让”和“叫”的这一句法特征在它们语法化的过程中并未发生改变。因此,对于由它们引导的被动句,施事通常需要被显性编码(即长被动句)。但是,被动标记“给”的用法来自介词“给”在特殊的话题结构中,宾语接受者和施事的概念交叉及随之而来的接受者角色的背景化。而对此最极端的方式就是使之不再编码,这也导致短被动句的出现(见 6.3.3 节)。

结合第 3 章对“被”字句的认知分析,以及本章对“给”及其与“叫”“让”的比较,我们初步的结论是,由它们所引导的被动句的认知基础均可被视为控制构型,即执行体(通常为施事)通过实施某个行为将目标射体(通常为受事)纳入自己的控制领地。这是它们的共性特征,也构成汉语被动语态不同于英语等其他语言被动语态的认知本质。

基于 2.1.3 节,我们可以把汉语被动语态看成是一个构式网络。由不同被动标记引导的被动句可看作是这个构式网络的成员。基于以上讨论,这个构式网络就可模拟如图 6.10 所示。

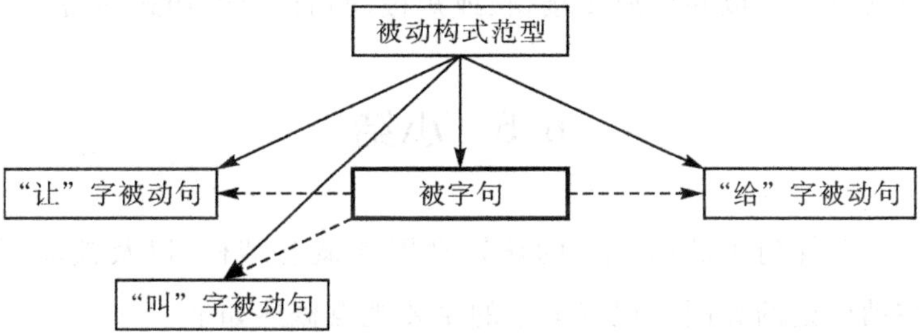

图 6.10　被动句的构式网络

就现代汉语而言，“被”的用法相比较而言最为典型（标注为粗线方框）。这表现在，被字句相比于其他被动标记引导的被动句中使用最为广泛。而且，第 4 章提到，“被”还会与动词“自愿购买”、形容词“幸福”，甚至是名词“高铁”等搭配，构成一种新型的被动结构，如（92a）至（92c）。

例 92：（92a）家长被自愿购买校通信服务。(BBC)

（92b）百姓遭遇被幸福。(互联网)

（92c）人们不再感觉“被高铁”。(互联网)

相对而言，“给”和“叫”“让”都不是典型的被动标记（图 6.10 中各细线方框）。在相当多的情况下，包含“给”“让”“叫”的句子是否表达被动意义取决于特定的交际情景，如上下文及交际意图等因素（马庆株，2006；张万禾，2008）。比如，（93a）还可以解读为“铅笔让我给你弄丢了”，（93b）可以理解为“我让他说几句话”，（93c）可以理解为“我让他把画拿来”。

例 93：（93a）铅笔给你弄丢了。(吕叔湘，1999)[227]

（93b）我让他说了几句。(张万禾，2008)[468]

（93c）画叫他拿来了。(张万禾，2008)[469]

作为边缘的底层构式，由“给”和“叫”“让”引导的被动句和“被”字句构式引申关系。图 6.10 上方的方框指汉语被动句的构式范型。基于本书分析，该范型在概念上可被描写为被动构式范型。“被”“给”“叫”“让”引导的被动句构成了该构式范型的实例(连接它们的实线箭头)。这些底层被动句构式本身又是一个以间接或直接、长或短被动句构成的构式网络。

6.5 小结

本章主要探讨了被动“给”的认知动因和概念结构,以及被动“给”与汉语其他被动标记的异同。现将本章的主要观点概述如下。

首先,被动“给”的用法源自介词“给”的语义引申,而不是使役“给”。这种引申得益于话题结构“NP1 给 NP2 VP”。其中,VP 中的受事宾语 NP1 被话题化。更重要的是,随着该结构的频繁使用,“给”引入的宾语接受者会和 VP 的施事角色进行概念交叉,“给”的被动用法由此产生。这种概念交叉之所以会出现,在很大程度上是由于接受者角色和施事角色存在紧密的关联。和汉语“给”不同,英语的双及物动词“give”通常只用作动词,没有相应的介词用法,因而难以演化为被动标记。

第二,被动“给”的概念结构可概括为执行体(通常为施事)通过某种行为而将目标射体(通常为受事)纳入它的控制领地(即经验域)。简单而言,“给”的被动用法描写执行体和目标射体之间的控制关系。这种控制关系发端于“给”的双及物动词用法,得益于介词“给”的宾语接受者和施事角色的概念交叉(即由同一 NP 实现)。这也意味着,原先的施事不再具有射体身份。因此,被动“给”的概念功能和“被”一致,也可概括为施事的去焦点化,这也符合语言类型学对被动语态的功能分析。

第三,由“给”和“被”引导的被动句具有相同的认知基础。它们均显影执行体和目标射体之间的控制关系(即控制构型)。因此,“给”和“被”在大多数情况下可以互换。当然,它们并不完全相同。基于 CCL 语料库的统计,“给”字被动句更常用于消极语境。语义上,宾语施事携带有接受者角色的意味。另外,由“让”“叫”引导的被动句的认知基础也是执行体和目标射体之间的控制关系,因而也有直接、间接被动句之分。但和“给”不同的是,“让”和“叫”所接的施事宾语一般不能省略。这也在一定程度上说明它们具有不同的语法化路径。简言之,“让”和“叫”的被动用法来自它们典型的致使用法,而“给”的被动用法来自它的介词用法。如果该思路正确,“让”和“叫”不能用于短被动句是因为有继承自它们作为使役动词必须接宾语的限制。当然,这种限制也会随着该被动格式的普遍使用而逐渐弱化。

第7章　研究发现、意义与展望

作为本书的结论部分，本章分别就本书的主要发现、意义与后期研究进行了简要讨论。7.1节简要总结了本书对汉语被动句涉及相关理论问题的主要发现。7.2节是对本书理论贡献与其他不足的说明，以及对后期研究的展望。

7.1　核心问题与主要发现

作为普遍的跨语言现象，被动语态一直是各个句法理论关注的焦点。汉语被动语态主要指"被"字结构直接用作谓语的句子，即被动句。比如，(1a)和(1b)属于直接被动句，(2a)和(2b)属于间接被动句，(3a)和(3b)的"被自愿"和"被幸福"属于近年来新创的被动格式。

例1：(1a)饺子被吃掉了。(Li et al., 1989)[493]

(1b)饺子被狗吃掉了。(Li et al., 1989)[493]

例2：(2a)张三被杀了父亲。(徐杰，1999)[17]

(2b)我又被他自摸了。(Huang et al., 2009)[140]

例3：(3a)家长被自愿购买校通信服务。(互联网)

(3b)市民感觉被幸福。(互联网)

对汉语被动句的理论讨论一直围绕两个紧密相关的核心问题。一个是对被动句的语义概括，即该句式具有怎样的语义特征或概念描写。另一个是多样化的被动格式带来的论元实现问题，即其论元增减变化是否存在统一的机制解释。我们分别称之为被动句的语义问题和句法问题。而且，汉语还有一种和被动句相对应的句式，即把字句。这两种句式可以杂糅在一起，构成“被”“把”同现句或“把”“被”同现句，如例 4。

例 4：(4a)我把长发被他咔嚓一剪就没有了。(BCC)

(4b)她……就突然被一双有力的大手从后面紧紧地拦腰把她抱住了。(BCC)

另外，除了典型的被动标记，即“被”之外，汉语还可通过其他被动标记，如“给”“叫”，以及“让”构造出“给”字、“叫”字或“让”字被动句，如例 5 和例 6。

例 5：(5a)衣服给雨淋湿了。(吕叔湘，1999)[227]

(5b)衣服给淋湿了。

例 6：(6a)活都让他们干完了。(吕叔湘，1999)[462]

(6b)墨水瓶叫弟弟打翻了。(吕叔湘，1999)[304]

其中，“叫”“让”原本属于使役动词，因而和致使义紧密关联。这样的动词演变为被动标记从跨语言的角度看较为常见(如德语、格陵兰因纽特语等)(Haspelmath，1990)。但是，汉语双及物动词“给”可用作被动标记非常特殊。有待解决的问题是“给”的这种用法究竟具有怎样的认知基础。

最后，不同的语言会采取不同的句法手段来实现被动语态，并且在句法或语义上都会有不同于其他语言被动句的特殊性。不同语言用于标记被动语态的成分(如词缀、语法标记、助动词等)也具有不同的来源或演变路径。由此带来一个更深入的问题是被动语态的本质是什么。我们应如何看待被动语态和被动句的关系。

以上这些问题环环相扣。对其中任何一个问题的讨论都离不开我们对其他问题的合理分析。同时，对这些问题的讨论也离不开一个全面系统的理论视角。以认知语法提出的百科知识观与构式观为理论框架，本书希望对以上这些问题提供一套较为系统的解决方案。这也构成了本书的主要内容。这里将本书的核心观点概括如下。

第一，被动句的认知基础可以依据控制循环模型特别是结果阶段中执行体对目标的控制进行描写，具体是以控制过程特别是发力阶段为基座，对结果阶段的显影。结果阶段指目标对象作为射体被执行体通过施展控制力而纳入其领地的结果状态。本书称其为控制构型。这也构成了汉语被动构式的语义描写。

第二，汉语多样的被动格式实际是控制构型对具体事件经验进行认知加工的结果。这可以通过协调原则来概括，即由动词等相关成分编码或激活的事件及相关参与者必须与控制构型相协调。不论是长、短直接被动句，还是关涉或非关涉被动句，由其动词等成分编码的情景事件会以不同方式和控制构型建立起对应并进行概念交叉，从而构造出不同格式的论元实现。

第三，新创被动格式如“被自愿购买”“被幸福”源自范畴化机制，具体是被动构式对“幸福”及相关社会事件的范畴化。该范畴化可分析为由被动构式编码的控制构型对“被自愿购买”“被幸福”所涉及的特定社会事件的认知加工。作为范畴化的结果，“被自愿购买”“被幸福”的概念功能可概括为凸显执行体对目标射体的控制，并涌现出非自主、非受益等特征。这会造就一个独特的底层被动构式并促使“被自愿购买”“被幸福”的词汇化，但不会引发“自愿购买”的语义或功能变化。

第四，汉英被动句既具有独特性也具有共性。独特性体现在它们作为不同的语法构式反映了不同的认知加工模式，从而体现为不同的论元实现方式。共性指它们作为有标记的编码策略均可实现对施事的去焦点化。这也是被动语态的认知本质。

第五，“把”“被”同现现象以“被”“把”同现句（即“NP1 被 NP2 把 NP3 VP”格式）为主要表现形式，并有发展成为独立语法构式的趋势。NP1 和 NP3 在语义上可分为领属关系、同指关系和间接关系三类，以领属关系类占绝对优势。由于“把”表示作为射体的执行体对目标对象的控制关系，因此，被字结构和把字结构的句法组合就可被视为它们所编码的两种控制关系基于不同对应关系的概念交叉。它们相通的认知本质使得这种概念交叉与其概念合成成为可能。

第六，被动“给”的用法源自介词“给”的语义引申。该引申得益于特殊的话题结构"NP1 给 NP2 VP"。由于该结构的频繁使用,"给"引入的宾语接受者会和 VP 的施事角色进行概念交叉,"给"的被动用法由此产生。它的概念结构可描写为执行体(通常为施事)通过某种行为而将目标射体(通常为受事)纳入它的控制领地(即经验域)。因此,被动"给"和"被"具有相同的认知基础,也可称为控制构型。这也是"给"和"被"在大多数情况下可以互换的原因。但是,"给"字被动句更常用于消极语境。

7.2　研究意义与展望

7.1 节总结了本书的核心观点。这些观点能为我们对汉语被动句的认识带来一些新视角,可以从汉语语法、认知语言学和类型学研究三个方面来看。

首先,本书搭建了汉语句式分析的认知框架,以被动句的认知分析为主线,寻求对汉语被动句及被动语态的系统性认知描写与阐释。这为汉语句式的研究提供了一个可以参考的研究路径,对汉语语法的理论研究起到了一定程度的推动作用。具体来说,本书通过协调原则将被动句的认知描写与其论元实现关联起来,合理地解释了被动句多样化的论元实现,乃至近些年新出现的被动格式,同时也将被动标记"被"和被动构式关联起来,对解决针对"被"的句法性质长期以来的争议提供了一个思路。

其次,本书从被动句各成分的不同句法行为与特征入手,将其句法分析与概念描写有机结合,并纳入英语被动句的对比分析,探求汉语被动句背后的认知机制,彰显出认知语法理论的解释力,也为汉语认知语法研究补充了一些新内容。这包括"把""被"同现现象的概念合成分析、被动标记"给"的认知基础及其跟"被"的比较分析等内容。

第三,本书也纳入了语言对比的视角,比较汉英被动句背后的共性与特性,探索被动语态的认知本质,并揭示了被动语态与被动句的关系,为被动句的跨语言研究提供了有益的参考,也在一定程度上推动了汉语被动句的类型学研究。本书的主要观点是,被动语态的认知功能是施事的去焦点化,被动句是实现这一功能的编码策略，因而二者构成实现关系。不同语言的被动句尽管均可实现这一功能，但其作为不同的认知加工模式自然体现为不同的句法和语义特征。

最后要补充的是，汉语教学，特别是对外汉语教学越来越成为一个热门的领域。出于各种原因，越来越多的人对学习汉语抱有浓厚的兴趣。然而，汉语被动句的教学仍存在不同程度的困难。本书探讨了汉语被动句究竟是什么（即概念结构），何以不同于英语被动句等一系列问题。这些讨论对于解决这些困难也会带来一定的帮助。另外，本书的一些观点也会对汉语被动句的翻译、语法教材的编写等方面带来一定的启发。

当然，本书作为对汉语被动句的理论研究也存在一些不足的地方。一方面，本书遵循理论语言学的研究传统，以内省与思辨性论证为主要研究方法，尽管结合有 CCL、BCC 和 COCA 等语料库中的真实语料，以及一些较大规模的语料检索和统计分析，但本书的主要观点仍需更多语料方面的证据支持。

另一方面，被动句及被动语态是跨语言上普遍存在的句法现象。仅从汉语被动现象出发并借助汉英被动句对比分析获得的结论也需要做进一步检验。这也为被动现象后一阶段的研究提供了一个方向。比如，3.1 节提到，汉语主要有直接被动句和间接被动句两种类型。实际上，日语被动句也分为直接被动句和间接被动句。但是汉日被动句的句法限制并不一致。比较如下例句。

例 6：（6a）Kaimono-no　kaerimichi，　watasi-wa ame-ni hur-a-rer-ta.

买东西-no　归途　我-wa　雨-ni　下-a-被动-已然

（6b）*我在买完东西回家的路上被雨下了。

例 7：（7a）张君-wa　onnanaoko-ni　花瓶-wo　taos-a-rer-te-simaw-ta.

小张-wa　女孩子-ni　花瓶-wo　碰倒-a-被动-连接助词-simaw-依然

（7b）?小张被一个女孩子把花瓶碰到了。

（杉村博文，2003）[68]

(6a)和(7a)分别意为“我会淋到雨”“小张由于女孩碰倒花瓶而遭受到影响”，将其直译为汉语被动句均较难接受。本书提出，不同语言被动句的认知基础是不同的认知加工模式。这符合汉英被动句的语言事实。但是，我们应该如何看待汉日被动句呢？一旦我们将更多的语言如日语纳入讨论中，展现出来的会是一幅更加复杂的画面，也是一个更具启发性与挑战性的课题。对这些问题的解决，有待于认知派学者的共同努力。

参考文献

安丰存，2007.再论汉语“被”的句法地位及“被”字句[J].汉语学习，(1)：52-57.

毕罗莎，2020.汉语带宾被动句现象与带宾被动句研究[J].汉语学习，(1)：57-65.

曹道根，2009.汉语被动句的事件结构及其形态句法实现[J].现代外语，(1)：1-12.

邓思颖，2002.汉语的“给”是不是一个被动标记[M]//徐烈炯，邵敬敏.汉语语法研究的新拓展.杭州：浙江教育出版社：331-341.

邓思颖，2004.作格化和汉语被动句[J].中国语文，(4)：291-301.

邓思颖，2008.汉语被动句句法分析的重新思考[J].当代语言学，(4)：308-319.

邓思颖，2010.“形义错配”与汉英的差异[J].语言教学与研究，(3)：51-56.

邓云华，2011.英汉特殊被动句的整合方式[J].外语教学与研究，(2)：183-196.

邓云华，石毓智，2007.论构式语法理论的进步与局限[J].外语教学与研究，(5)：323-330.

邓云华，曾庆安，2011.英汉被动句理想化认知模式的研究[J].外语研究，(2)：1-7.

丁丁，2020.允让使役及其在使役式中的表现[J].中国语文，(3)：303-316.

董彦屏，2010.从认知角度看“被”字演变[J].安徽文学，(1)：223-224.

冯胜利，2001.从韵律看汉语“词”“语”分流之大界[J].中国语文，(1)：27-37.

傅雨贤，周小兵，李炜，等，1999.现代汉语介词研究[M].广州：中山大学出版社.

洪波，赵茗，2005.语法化与语法研究(二)[M].北京：商务印书馆.

胡建华,杨萌萌,2015."致使-被动"结构的句法[J].当代语言学,17(4):379-399.

胡文泽,2005.也谈"把"字句的语法意义[J].语言研究,(2):21-28.

黄伯荣,廖旭东,1997.现代汉语[M].北京:高等教育出版社.

黄正德,2008.从"他的老师当得好"谈起[J].语言科学,(3):225-241.

黄正德,柳娜,2014.新兴非典型被动式"被XX"的句法与语义结构[J].语言科学,(5):225-241.

江蓝生,2000.近代汉语探源[M].北京:商务印书馆.

蒋绍愚,2002."给"字句、"教"字句表被动的来源——兼谈语法化、类推和功能扩展[M]//北京大学汉语语言学研究中心《语言学论丛》编委会.语言学论丛(第26辑).北京:商务印书馆:159-177.

空令达,1994.影响汉语句子自足的语言形式[J].中国语文,(6):434-440.

李红梅,2004.《最简方案框架》下对"被"字结构的再探索[J].现代外语,(2):173-178.

李临定,1980."被"字句[J].中国语文,(6):401-412.

李珊,1994.现代汉语被字句研究[M].北京:北京大学出版社.

李胜梅,2006.现代汉语中"被"的词缀化倾向[M]//邢福义.汉语被动表述问题研究新拓展.武汉:华中师范大学出版社:186-196.

李炜,2002.清中叶以来使役"给"的历时考察与分析[J].中山大学学报(社会科学版),(3):62-66.

李彦亲,2012.关于"给"及其相关句式的思考[D].天津:天津大学.

李瑛,2011.词汇压制:以V+down构式的个案分析为例[J].外国语文,(5):44-49.

李宇明,陈前瑞,2005.北京话"给"字被动句的地位及其历史发展[J].方言,(04):289-297.

李宗江,2004.汉语被动句的语义特征及其认知解释[J].解放军外国语学院学报,(6):7-11.

刘畅,2018."给"字长被动句的判定及其语义功能探析[J].汉语学习,(03):

102－112.
刘芬，白解红，2011.英汉非原型被动句的句法语义特征探析[J].外国语，(6)：26－31.
刘斐，赵国军，2009."被时代"的"被组合"[J].修辞学习，(5)：74－81.
刘晋，邓云华，2013.从再议动词"给"演化为被动标记的语义基础——类型学的视角[J].湖北社会科学，(11)：126－128.
刘利红，2012.被动标记"被""叫""让""给"语法化程度的差异[J].安徽文学，(9)：114－116.
刘培玉，2009.关于"把"字句的语法意义[J].汉语学习，(3)：28－33.
刘永耕，2005.动词"给"语法化过程的义素传承及相关问题[J].中国语文，(2)：130－138.
刘筱杉，2020.现代汉语"被""把"同现句的归属问题研究[J].外语学刊，(6)：40－46.
刘云，2006."被"字结构宾语隐现的制约因素[M]//邢福义.汉语被动表述问题研究新拓展.武汉：华中师范大学出版社：207－216.
刘云，2018.北京话被动标记"给"的来源及历时演变[J].中国语文，(4)：395－407.
刘正光，2006.动词非范畴化的特征[J].中国外语，(6)：20－27.
刘正光，2006.语言非范畴化：语言范畴理化理论的重要组成部分[M].上海：上海外语教育出版社.
陆俭明，2003.对"NP＋的＋VP"结构的重新认识[J].中国语文，(5)：387－391.
陆俭明，2006.有关被动句的几个问题[M]//邢福义.汉语被动表述问题研究新拓展.武汉：华中师范大学出版社：217－229.
陆俭明，2016.对构式理论的三点思考[J].外国语，(2)：2－10.
骆蓉，2015.认知构式语法视阈下的致使移动句研究[D].浙江：浙江大学.
吕叔湘，1999.现代汉语八百词(增订本)[M].北京：商务印书馆.
木村英树，2005.北京话"给"字句扩展为被动句的语义动因[J].汉语学报，

(2):14-21.

马庆株,2006.主客观态度与汉语的被动表述[M]//邢福义.汉语被动表述问题研究新拓展.武汉:华中师范大学出版社:230-241.

马志刚,2013.基于狭义领属关系论领主句、保留宾语被动句与抢夺类双宾句的关联性[J].华文教学与研究,(3):66-71.

马志刚,宋雅丽,2015.基于语段理论的汉语长、短被动句统一分析[J].现代外语,(4):470-481.

马志刚,田启林,2015.汉语有宾长“被”字句的生成机制研究[J].解放军外国语学院学报,(2):8-15.

南潮,2017.现代汉语被动句生成中的受事宾语提升研究[J].双语教育研究,(1):48-57.

牛保义,2003.“被”字的语义数量特征和被动句——汉语被动句的认知语义基础研究[J].暨南大学华文学院学报,(2):35-45.

牛保义,2008.“把”字句语义建构的动因研究[J].现代外语,(2):121-130.

牛保义,2009.“把”的“掌控”义的概念化研究[J].外语教学,(5):5-9.

庞加光,2013.构式视角下的汉语名词谓语[J].解放军外国语学院学报,(6):20-25.

庞加光,2015a.认知语法视角下的汉语名词谓语句研究[M].西安:西安交通大学出版社.

庞加光,2015b.“有+数量结构”:从客体观照到主体观照[J].当代语言学,(2):172-187.

庞加光,2017.汉语认知句法学研究[M].北京:科学出版社.

庞加光,2018.构式压制还是词汇压制——再论“被自杀”[J].解放军外国语学院学报,(2):55-63.

庞加光,2019.控制循环模型下被动句的论元实现研究[J].现代外语,(2):182-193.

庞加光,2020.论汉语语法的动态属性——以离合词和伪定语句为例[J].外国语,(3):25-34.

朴乡兰，2011. 汉语“教/叫”字句从使役到被动的演变[J]. 语言科学，(6)：593－600.

潘允中，1982. 汉语语法史概要[M]. 濮阳：中州书画社.

彭咏梅，甘于恩，2010. “被 $V_{双}$”：一种新兴的被动格式[J]. 中国语文，(1)：57－58.

祁文娟，2009. 现代汉语被动标记“被”“让”“叫”“给”的表义差异[D]. 山西：山西大学.

齐沪扬，1995. 有关介词“给”的支配成分省略的问题[J]. 上海师范大学学报(哲学社会科学版)，(4)：83－89.

屈哨兵，2008. 被动标记“让”的多角度考察[J]. 语言科学，(1)：39－48.

任鹰，2008. “这本书的出版”分析中的几个疑点[J]. 当代语言学，(4)：320－328.

杉村博文，2003. 从日语的角度看汉语被动句的特点[J]. 语言文字应用，(2)：64－75.

杉村博文，2006. 汉语的被动概念[M]//邢福义. 汉语被动表述问题研究新拓展. 武汉：华中师范大学出版社，284－295.

杉村博文，2016. 汉语第一人称施事被动句的类型学意义[J]. 语言教学与研究，(1)：3－15.

沈家煊，2002. 如何处置“处置义”？——论把字句的主观性[J]. 中国语文，(5)：387－399.

沈家煊，2009. 我看汉语的词类[J]. 语言科学，(1)：1－12.

石定栩，胡建华，2005. “被”的句法地位[J]. 当代语言学，(3)：213－224.

石毓智，2004. 兼表被动和处置的“给”的语法化[J]. 世界汉语教学，69(03)：15－26.

石毓智，2005. 被动式标记语法化的认知基础[J]. 民族语文，(3)：14－22.

施春宏，2012. 从构式压制看语法和修辞的互动关系[J]. 当代修辞学，(1)：1－17.

施春宏，2013. 新“被”字式的生成机制、语义理解及语用效应[J]. 当代修辞学,(1):12-28.
宋文辉,罗政静,于景超,2007.现代汉语被动句施事隐现的计量分析[J].中国语文,(2):113-124.
宋玉柱,1991.现代汉语特殊句式[M].太原:山西教育出版社.
孙庆芳,2013.基于认知语言学的"给"类介词对外汉语教学语法研究[D].山东:山东师范大学.
陶婵,2010."给"表处置、被动现象研究[D].上海:上海师范大学.
王还,1984."把"字句和"被"字句[M].上海:上海教育出版社.
王力,1980.汉语史稿(修订本)[M].北京:中华书局.
王力,1985.中国现代语法[M].北京:商务印书馆.
王家年,2008.受事主语句的生成理据[J].语言教学与研究,(3):45-49.
王寅,2005.语言的体验性[J].外语教学与研究,(1):37-43.
王寅,2009.构式压制、词汇压制和惯性压制[J].外语与外语教学,(12):1-8.
王寅,2011a.构式语法研究(上)[M].上海:上海外语教育出版社.
王寅,2011b."新被字构式"的词汇压制解析[J].外国语,(3):13-20.
王寅,2013.构式压制和词汇压制的互动及其转喻机制[J].外语教学与研究,(5):657-668.
文旭,2014.语言的认知基础[M].北京:科学出版社.
汪立荣,2005.概念整合理论对移就的阐释[J].现代外语,(3):239-248.
吴泓,2019.认知功能视角下的现代汉语"对"字句研究[D].吉林:吉林大学.
席留生,2008."把"字句的认知研究[D].河南:河南大学.
谢晓明,2010."给"字句被动义实现的制约因素[J].语文研究,(02):46-49.
熊学亮,何玲,2012.刍议"被"字新用[J].解放军外国语学院,(5):1-4.
熊学亮,王志军,2003.被动句认知解读一二[J].外语教学与研究,(3):195-199.
熊仲儒,2003.汉语被动句句法结构分析[J].当代语言学,(3):206-221.
熊仲儒,2011.被动范畴"给"的句法语义特征[J].现代外语,(2):119-218.

徐丹，1990. 评介《介词问题及汉语的解决方法》[J]. 中国语文，(6).

徐丹，1992. 北京话中的语法标记词“给”[J]. 方言，(1)：54－60.

徐峰，2014. 构式压制和词汇压制的互动——以中动构式为例的分析[J]. 外语研究，(6)：34－40.

徐杰，1999. 两种保留宾语句式及相关句法理论问题[J]. 当代语言学，(1)：16－29.

徐杰，2006. 被动句式与非宾格句式的一致与差异[M]//邢福义. 汉语被动表述问题研究新拓展. 武汉：华中师范大学出版社：409－422.

徐盛桓，2011. “移就”为什么可能[J]. 外语教学与研究，(3)：323－334.

许小艳，庞加光，张晋敏，2022. 构式从何而来？——以汉英被动句为例[M]//陈昌来. 汉语句式研究（第四辑）. 上海：学林出版社：338－347.

薛凤生，1993. “把”字句和“被”字句的结构意义——真的表示“处置”和“被动”？[M]//戴浩一，薛凤生. 功能主义与汉语语法. 北京：北京语言大学出版社：34－59.

颜力涛，2011. 复合被字句中的“所”与“给”及相关的焦点标记问题[J]. 长春大学学报，21(5)：45－50.

颜力涛，柳英绿，2014. “物”做主语的汉语“被”字句[J]. 汉语学习，(3)：48－55.

杨国文. “把”字式和“被”字式成分语义角色的系统功能语法作格解释[J]. 当代语言学，2014，(4)：410－421.

杨晓明，2017. 使役与被动共用标记词“给”和“叫”的对比研究[J]. 山东农业大学学报（社会科学版），(4)：117－122.

杨炎华，2013. “被＋XX”的句法化及其词汇化[J]. 汉语学习，(3)：60－68.

杨延宁，2020. 汉英被动式演变中的异和同. 现代外语，(3)：306 － 317.

叶建军，2014. “被 $NP_{施}$ VP $NP_{受}$”的生成机制与动因[J]. 中国语文，(3)：247－258.

叶狂，潘海华，2016. 从罗曼语和斯拉夫语看“给”的句法功能[J]. 当代语言学，18(3)：354－367.

叶向阳，2004. “把”字句的致使性解释[J]. 世界汉语教学，(2)：25－39.

袁红梅,梁婧玉,2016.“被＋X”构式义的概念整合分析[J].外语研究,(1):33-39.

袁毓林,1994.一价名词的认知研究[J].中国语文,(4):241-253.

曾常红,2006.“被字构件”和“把字构件”套用分析[M]//邢福义.汉语被动表述问题研究新拓展.武汉:华中师范大学出版社:450-466.

张伯江,2000.论“把”字句的句式语义[J].语言研究,(1):28-40.

张伯江,2001.被字句和把字句的对称与不对称[J].中国语文,(6):519-524.

朱德熙,1979.与动词“给”相关的句法问题[J].方言,(2):81-87.

张惠英,1989.说“给”和“乞”[J].中国语文,(5):378-382.

张建理,朱俊伟,2010.“被XX”句的构式语法探讨[J].杭州师范大学学报(社会科学版),(5):120-123.

张姜知,2013.无定成分作“把”字宾语的限制条件及语用功能[J].外国语,(2):44-49.

张丽丽,2006.汉语使役句表被动的发展[J].语言暨语言学,7(1):139-174.

张韧,2005.功能解释与认知句法的根本目标[J].现代外语,(1):27-34.

张韧,2006.构式与语法系统的认知心理属性[J].中国外语,(1):29-34.

张韧,2007.认知语法视野下的构式研究.外语研究,(3):35-40.

张韧,2009.关于词类本质的一个动态认知视角[J].当代语言学,(3):233-243.

张韧,2012.参照点处理对概念内容的限制:“有”字句的证据[J].外国语,(3):2-12.

张万禾,2008.“叫、让”表被动的语义条件[J].海南大学学报(人文社会科学版),(4):467-472.

张祥,2016.词汇压制及其在英语“MV＋(a)round”构式中的表现[J].外语教学,(2):17-23.

张谊生,2001.助词“给”及其相关的句式[J].汉语学报,(3):182-193.

赵凌珺,卢植,2013.基于认知构式语法的构式项压制现象研究[J].外语学刊,(3):55-59.

赵元任，1968. 汉语口语语法[M]. 北京：商务印书馆.

赵志国，2014. 试论现代汉语"被(NP)VP"结构的句法生成形式[J]. 汉语学习，(4)：55－65.

郑杰，2002. 现代汉语"把"字句研究综述[J]. 语言教学与研究，(5)：41－47.

郑庆君，2010. 流行语"被＋XX"现象及其语用成因[J]. 西安外国语大学学报，(1)：41－44.

周健，2011. "被"字句中"被"字的词性分析[J]. 徐州师范大学学报(哲学社会科学版)，(3)：85－88.

朱德熙，1982. 语法讲义[M]. 北京：商务印书馆.

祝静，2017. "被/为/给/教(叫)＋X"的构式化与构式变化[D]. 湖南：湖南大学.

朱军，2010. 非自主性位移与汉语动词带宾语"被"字句的认知解释[J]. 语言教学与研究，(4)：39－46.

BADAN L，2021. *GEI*：towards a unified account[M]// BOUVERET M. "*Give*" constructions across languages：a cognitive study of language change. Amsterdam/Philadelphia：John Benjamins Publishing Company，218－245.

BARLOW M，SUZANNE K，2000. Usage-based models of language[M]. Stanford：CSLI Publications.

BOAS H C，2013. Cognitive construction grammar[M]// HOFFMANN T，TROUSDALE G. The Oxford handbook of construction grammar. Oxford：Oxford University Press：184－221.

BOUVERET M，2012. GIVE frames and constructions[M]// BOUVERET M，LEGALLOIS D. Constructions in French. Amsterdam/Philadelphia：John Benjamins Publishing Company：99－124.

BURZIO L，1986. Italian syntax[M]. Dordrecht：Reidel.

BYBEE J L，2010. Language，usage and cognition[M]. Cambridge：Cambridge University Press.

BYBEE J L，2012. Construction grammar[M]. Oxford：Oxford University Press.

BYBEE J L, 2013. Usage-based theory and exemplar representations of constructions [M]// HOFFMANN T, TROUSDALE G. The Oxford handbook of construction grammar. Oxford: Oxford University Press: 49 – 69.

BYBEE J L, HOPPER P J, 2001. Frequency and the emergence of linguistic structure [M]. Amsterdam/Philadelphia: John Benjamins Publishing Company.

COMRIE B, 1989. Language universals and linguistic typology [M]. Chicago: University of Chicago Press.

CROFT W, 1991. Syntactic categories and grammatical relations [M]. Chicago: University of Chicago Press.

CROFT W, 2001. Radical construction grammar [M]. Oxford: Oxford University Press.

CROFT W, CRUSE D A, 2004. Cognitive linguistics [M]. Cambridge: Cambridge University Press.

DEGRAFF M, MANDELBAUM D, 1993. Why is my old friend not old [M]// BEALS K, COOKE G, KATHMAN D, et al. Papers from the 29th Regional Meeting of the Chicago Linguistic Society. Chicago: The University of Chicago Press: 121 – 136.

EVANS V, GREEN M, 2006. Cognitive linguistics: an introduction [M]. Edinburgh: Edinburgh University Press.

EVANS V, BERGEN B K, ZINKEN J, 2007. The cognitive linguistics enterprise: an Overview [M]// EVANS V, ZINKEN J. The Cognitive Linguistics Reader. London: Equinox: 263 – 266.

FAGERLI O T, 2001. Malefactive by means of GIVE [M]// SIMONSEN H G, ENDRESEN R T. A cognitive approach to the verb: morphological and constructional perspectives. Berlin/New York: Mouton de Gruyter: 203 – 222.

FAN W, KUNO S, 2013. Semantic and discourse constraints on Chinese *bei*-passives [J]. Linguistics and the human sciences, 8(2): 205 – 240.

FAUCONNIER G, TURNER M, 1998a. Conceptual integration networks[J]. Cognitive science,(22):133 - 187.

FAUCONNIER G, TURNER M, 1998b. Principles of conceptual integration [M]// KOENING J P. Discourse and cognition. Stanford, CA: CSLI Publications:269 - 283.

FARRELL P,2005. Grammatical relations[M]. Oxford:Oxford University Press.

FENG S L, 1990. The passive construction in Chinese [D]. University of Pennsylvania.

FILLMORE C J, 2006. Frame semantics [M]// GEERAERTS D. Cognitive linguistics:basic readings. Berlin/New York:Mouton de Gruyter:373 - 400.

GOLDBERG A E, 1995. Constructions: a construction grammar approach to argument structure[M]. Chicago/London:The University of Chicago Press.

GOLDBERG A E,2003. Constructions: a new theoretical approach to language [J]. Trends in cognitive sciences,7:219 - 224.

GOLDBERG A E,2006. Constructions at work: the nature of generalization in language[M]. Oxford:Oxford University Press.

GUO H,CHOW D,2014. A corpus-based variationist approach to *bei* passives in mandarin Chinese [J]. Corpus linguistics and linguistic theory, 10 (1): 139 - 173.

HAIMAN J, 1985. Natural syntax: iconicity and erosion [M]. Cambridge: Cambridge University Press.

HASPELMATH M, 1990. The grammaticization of passive morphology [J]. Studies in language,14:25 - 72.

HER O S, 2005. Justifying part-of-speech assignments for Mandarin *gei* [J]. Lingua,(6):1274 - 1302.

HER O S,2008. Grammatical functions and verb subcategorization in Mandarin Chinese[M]. Taipei :Crane Publishing.

HER O S,2009. Unifying the long passive and the short passive: on the *bei* construction in Taiwan Mandarin[J]. Language and linguistics, 10(3): 421－470.

HILPERT M, 2014. Construction grammar and its application to English[M]. Edinburgh: Edinburgh University Press.

HOPPER P J, THOMPSON S A, 1985. The iconicity of the universal categories "noun" and "verb"[J]. Iconicity in syntax: 151－183.

HUANG C-T J, 2013. Variations in non-canonical passives[M]// ALEXIADOU A, SCHÄFER F. Non-canonical passives. Amsterdam: John Benjamins, 95－114.

Huang C-T J, LI Y-H A, LI Y, 2009. The syntax of Chinese[M]. Cambridge: Cambridge University Press.

HUANG J, 1999. Chinese passives in comparative perspective[J]. Tsinghua journal of Chinese studies, 29(4): 423－509.

HUI Y, 2005. Grammaticalization of Mandarin transfer verbs GEI and BEI as passive markers[C]. Proceedings of the 2004 Annual Conference of the Canadian Linguistic Association.

JACKENDOFF R, 1990. Semantic sructures[M]. Cambridge, MA: The MIT Press.

KAY P, FILLMORE C J, 1999. Grammatical constructions and linguistic generalizations: the what's X doing Y? construction[J]. Language, 75: 1－33.

KEENAN E L, DRYER M S, 2007. Passive in the world's languages[M]// SHOPEN T. Language typology and syntactic description (Vol. 2). Cambridge: Cambridge University Press: 325－361.

KIPARSKY P, 2013. Towards a null theory of the passive[J]. Lingua, 125: 7－33.

LAKOFF G, JOHNSON M, 1980. Metaphors we live by[M]. Chicago: University of Chicago Press.

LAKOFF G, 1987. Women, fire, and dangerous things—what categories reveal about the mind[M]. Chicago/London: The University of Chicago Press.

LAKOFF G, JOHNSON M, 1999. Philosophy in the flesh—the embodied mind and its challenge to western thought[M]. New York: Basic books.

LANGACKER R W, 1982. Space grammar, analysability, and the English Passive [J]. Language, 58(1): 22 - 80.

LANGACKER R W, 1987. Foundations of cognitive grammar: theoretical prerequisites[M]. Stanford: Stanford University Press.

LANGACKER R W, 1990. Concept, image, and symbol[M]. Berlin: Mouton de Gruyter.

LANGACKER R W, 1991. Foundations of cognitive grammar: descriptive application[M]. Stanford: Stanford University Press.

LANGACKER R W, 1998. Conceptualization, symbolization, and grammar[M]// TOMASELLO M. The new psychology of language. Mahwah/London: Lawrence Erlbaum Associates: 1 - 39.

LANGACKER R W, 1999. Grammar and conceptualization[M]. Berlin/New York: Mouton de Gruyter.

LANGACKER R W, 2002. The control cycle: why grammar is a matter of life and death [C]//Proceedings of the Annual Meeting of the Japanese Cognitive Linguistics Association 2: 193 - 220.

LANGACKER R W, 2003. Constructional integration, grammaticization, and serial verb constructions[J]. Language and linguistics, 4(2): 251 - 278.

LANGACKER R W, 2006a. Dimensions of defocusing[M]// TSUNODA T, KAGEYAMA T. Voice and grammatical relations. Amsterdam: John Benjamins: 115 - 137.

LANGACKER R W, 2006b. The conceptual basis of grammatical structure [M]// BYRNES H, WEGER-GUNTHARP H D, SPRANG K. Educating for advanced foreign language capacities. Washington, DC: Georgetown University Press: 17 - 39.

LANGACKER R W, 2008a. Cognitive grammar: a basic introduction[M]. Oxford: Oxford University Press.

LANGACKER R W, 2008b. The relevance of cognitive grammar for language pedagogy[M]//DE KNOP S, DE RYCKER T. Cognitive approaches to pedagogical grammar. Berlin/New York: Walter de Gruyter: 7 - 34.

LANGACKER R W. 2009a. Cognitive (construction) grammar [J]. Cognitive linguistics, 20: 167 - 176.

LANGACKER R W. 2009b. Investigations in cognitive grammar[M]. Berlin/New York: Mouton de Gruyter.

LANGACKER R W, 2012. Elliptic coordination[J]. Cognitive linguistics, 23(3): 1 - 46.

LANGACKER R W, 2013a. Interactive cognition: toward a unified account of structure, processing, and discourse [J]. International journal of cognitive linguistics, 3(2), 95 - 125.

LANGACKER R W. 2013b. Modals: striving for control [M]// MARÍN-ARRESE J I, CARRETERO M, HITA J A, et al. English modality. Berlin and New York: Mouton de Gruyter: 3 - 55.

LANGACKER R W, 2014. Subordination in a dynamic account of grammar [M]// VISAPÄÄ L, KALLIOKOSKI J, SORVA H. Contexts of subordination. Amsterdam/Philadelphia: John Benjamins: 17 - 72.

LANGACKER R W. 2015. Descriptive and discursive organization in cognitive grammar[M]// DAEMS J, et al. Change of paradigms. Berlin and New York: Mouton de Gruyter: 205 - 218.

LANGACKER R W, 2016a. Baseline and elaboration[J]. Cognitive linguistics, 27 (3): 1 - 35.

LANGACKER R W, 2016b. Toward an integrated view of structure, processing, and discourse[M]// DROZDZ G. Studies in lexicogrammar. Amsterdam/Philadelphia: John Benjamins: 24 - 53.

LARSON R, SEGAL G, 1995. Knowledge of meaning: an introduction to semantic theory[M]. Cambridge: MIT Press.

LI C, THOMPSON S. 1989. Mandarin Chinese: a functional reference grammar [M]. Berkeley, Los Angeles: University of California Press.

LI Y H, 1990. Order and constituency in Mandarin Chinese [M]. Dordrecht: Kluwer Academic Publishers.

LIANG J. 1971. Prepositions, co-verbs, or verbs? a commentary on Chinese grammar: past and present[D]. University of Pennsylvania.

LIN T J, HUANG L Y, 2015. Structures of the Mandarin *Gei* constructions[J]. Journal of east Asian linguistics, 24(3): 209 - 250.

LIN TH J, 2014. Gapless *Bei* passives licensed by accomplishment events[J]. Journal of east Asian linguistics, 24(2): 193 - 215.

LIU N, 2016. The structures of Chinese long and short *Bei* passives revisited[J]. Language and Linguistics, 17(6): 857 - 889.

LYNGFELT B, SOLSTAD T, 2006. Demoting the agent [M]. Amsterdam/Philadelphia: John Benjamins.

MICHAELIS L A, 2004. Type shifting in construction grammar: an integrated approach to aspectual coercion[J]. Cognitive linguistics, 15(1): 1 - 67.

MORAVCSIK E A, 2009. Partonomic structures in syntax[M]// EVANS V, POURCEL S. New directions in cognitive linguistics. Amsterdam/Philadelphia: John Benjamins: 269 - 285.

NEWMAN J, 1996. Give: a cognitive linguistic study[M]. Berlin/New York: Mouton de Gruyter.

NEWMAN J, 1993. A cognitive grammar approach to mandarin *GEI*[J]. Journal of Chinese linguistics, 21(2): 313 - 336.

PELTOMAA M, 2006. Pragmatic nature of Mandarin passive-like constructions [M]// ABRAHAM W, LEISIO L. Passivization and typology—form and function. Amsterdam/Philadelphia: John Benjamins Publishing Company: 83 - 114.

PEREK F, 2015. Argument structure in usage-based construction grammar[M].

Amsterdam/Philadelphia:John Benjamins.

PEYRAUBE A,2015. Grammatical change in sinitic languages and its relation to typology[M]// CHAPPELL H. Diversity in sinitic languages. Oxford University Press.

POULSEN M,2012. The usefulness of the gammaticality-acceptability distinction in functional approaches to language[J]. International Journal of Linguistics, 44:4 - 21.

PRASITHRATHSINT A, 2004. The adversative passive marker as a prominent areal feature of southeast Asian ianguages[C]// BURUSPAT S. Papers from the Eleventh Annual Meeting of the Southeast Asian Linguistics Society(2001). Tempe, AZ: Arizona State University, Program for Southeast Asian Studies:583 - 598.

REDDY M J, 1979. The conduit metaphor: a case of frame conflict in our language about language[M]// ORTONY A. Metaphor and thought. Cambridge:Cambridge University Press:284 - 297.

ROSCH E,1975. Cognitive representations of semantic categories[J]. Journal of experimental psychology,104(3):192 - 233.

ROSCH E,1978. Principles of categorization[M]// ROSCH E, LLOYD B B. Cognition and categorization. Hillsdale, Erlbaum:28 - 49.

SHIBATANI M,1985. Passives and related constructions: a prototype analysis [J]. Language,61(4):821 - 848.

SUN C-F, 1996. Word order change and grammaticalization in the history of Chinese[M]. Stanford, CA: Stanford University Press.

TALMY L, 2000. Toward a cognitive semantics[M]. Cambridge: The MIT Press.

TANG S-W, LEE T H, 2000. Focus as an anchoring condition[C]. Paper Presented at International Symposium on Topic and Focus in Chinese, The Hong Kong Polytechnic University.

TANG S, 2001. A complementation approach to Chinese passives and its consequences[J]. Linguistics,(2):257 - 259.

TAYLOR J R, 1996. On running and jogging[J]. Cognitive linguistics, 7(1): 21 - 34.

TAYLOR J R, 2003. Meaning and context[M]// CUYCKENS H, BERG T, DIRVEN R, et al. Motivation in language. Amsterdam/Philadelphia: John Benjamins: 27 - 48.

TAYLOR J R, 2004a. The ecology of constructions [M]// RADDEN G, PANTHER K U. Studies in linguistic motivation. Berlin/New York: Mouton de Gruyter: 49 - 73.

TAYLOR J R, 2004b. Why construction grammar is radical[J]. Annual review of cognitive linguistics, 2: 321 - 348.

TAYLOR J R, 2008. Some pedagogical implications of cognitive linguistics[M]// DE KNOP S, DE RYCKER T. Cognitive approaches to pedagogical grammar. Berlin and New York: Walter de Gruyter: 37 - 65.

TAYLOR J R, 2012. The mental corpus[M]. Oxford: Oxford University Press.

TING J, 1998. Deriving the *Bei*-construction in Mandarin Chinese[J]. Journal of east Asian linguistics, 7(4): 319 - 354.

TOMASELLO M, 2003. Constructing a language: a usage-based theory of language acquisition[M]. Cambridge, MA: Harvard University Press.

TOMASELLO M, BROOKS P, 1998. Young children's earliest transitive and intransitive constructions[J]. Cognitive linguistics, 9: 379 - 395.

TSOHATZIDIS S L, 1990. Meanings and prototypes: studies in linguistic categorization[M]. London and New York: Routledge.

TSOHATZIDIS S L, 2003. Constructing a language: a usage-based theory of language acquisition[M]. Cambridge, MA: Harvard University Press.

TURNER M, 1987. Death is the mother of beauty: mind, metaphor, criticism [M]. Chicago: University of Chicago Press.

UNGERER F, SCHMID H J, 2006. An introduction to cognitive linguistics[M]. London: Pearson Education.

VAN OOSTEN J, 1986. The nature of subjects, topics and agents: a cognitive explanation[M]. Bloomington: Indiana University Linguistics Club.

VYVYAN E, BENJAMIN K B, JÖRG Z E, 2007. The cognitive linguistics enterprise: an overview[M]// VYVYAN E, JÖRG Z E. The cognitive linguistics reader, London: Equinox: 263 - 266.

WANNER A, 2013. The get-passive at the intersection of get and the passive[M]// ALEXIADOU A, SCHÄFER F. Non-canonical passives. Amsterdam: John Benjamins: 43 - 61.

WASHIO R, 1993. When causative mean passive: a cross-linguistic perspective [J]. Journal of East Asian Linguistics, 2: 45 - 90.

WEI T C, 2004. Predication and sluicing in Mandarin Chinese[D]. National Kaohsiung Normal University, Kaohsiung.

WONG L Y, 2009. *Gei* constructions in Mandarin Chinese and *Bei* constructions in Cantonese: a corpus-driven contrastive study[J]. International journal of corpus linguistics, 14(1): 60 - 80.

XIAO R, MCENERY T, QIAN Y, 2006. Passive constructions in English and Chinese—a corpus-based contrastive study[J]. Languages in contrast, 6(1): 109 - 149.

YAO J, SONG J, SINGH M, 2013. The ironical Chinese *Bei*-construction and its accessibility to English speakers[J]. Journal of pragmatics, 55: 195 - 209.

ZHANG R, 2006. Symbolic flexibility and argument structure[J]. Linguistics, 44: 689 - 720.

ZHANG Y, 2020. Non-canonical passives in Chinese[J]. Chinese language and discourse, 11(1): 84 - 106.

ZIEGELER D, 2000. A possession-based analysis of the *Ba*-construction in Mandarin Chinese[J]. Lingua, 110: 807 - 842.